Helmut Starrach

# DER RUF DES ATHOS

*Kloster Karakálou*

Helmut Starrach

# DER RUF DES ATHOS

*Erfahrungen und Begegnungen*
*auf dem Heiligen Berg*

HERDER

FREIBURG · BASEL · WIEN

Für Marlis,
die mich stets mit meinen Freunden
gern zum Athos wandern ließ.

Dank an H. Dinter für seine
freundschaftliche Manuskriptbegleitung

Umschlaggestaltung: Finken & Bumiller, Stuttgart
Umschlagmotiv und Bilder im Innenteil: Helmut Starrach

© Verlag Herder Freiburg im Breisgau 2002
www.herder.de
Druck und Bindung: Clausen & Bosse, Leck
Gedruckt auf umweltfreundlichem,
chlor- und säurefrei gebleichtem Papier
ISBN 3-451-27733-6

# INHALT

# ZUR EINFÜHRUNG

Im Schulatlas meines Großvaters, mit dem er um die Wende vom 19. zum 20. Jahrhundert im Erdkundeunterricht arbeiten musste und den ich zufällig in einer alten Bücherkiste auf dem Hausboden gefunden hatte, gab es eine Reihe von Landkarten, auf denen unter weißen Flecken Weltgegenden verborgen blieben, von denen man damals noch wenig wusste: endlos große Wüsten, unerstiegene Gebirge, undurchdringliche Regenwälder und lebensfeindliche Eisregionen. Die weißen Flecken sind längst aus unseren Atlanten verschwunden. Die Erde ist weitgehend erforscht. Und wenn es heute noch da und dort eine kleine Region gibt, von der wir wenig, sogar zu wenig wissen, dann muss es besondere Gründe dafür geben.

Vielleicht habe ich damals mit dem alten Schulatlas in der Hand schon beschlossen, später einmal vor allem dort zu reisen, wo es noch die letzten (fast) weißen Flecken gab.

Das Merkwürdige am Athos ist, dass er nicht von Anfang an eine »terra incognita«, ein unbekanntes Land war. Vielmehr ist er lange Zeit geradezu berühmt-berüchtigt gewesen. Ich spreche vom östlichen der drei Finger, den die

Halbinsel Chalkidike in die Ägais streckt. Und weil im nördlichen Teil dieses Meeres die Winde fast immer von Norden oder Nordosten her wehen, weil also besonders der Athos diesen Winden im Wege steht, ist er mit einem Sturm in die Weltgeschichte eingegangen, der die Flotte des Perserkönigs Darius I. auf dessen erstem Kriegszug gegen die Griechen auf dem Balkan vernichtete. Der Krieg wurde abgebrochen.

Xerxes, Darius' Sohn, war dann, als er die Pläne des Vaters vollenden wollte, vorsichtiger: Er ließ den Athos mit einem Kanal durchstechen, durch den seine Flotte gezogen werden musste (und hätte so ums Haar den Athos zu einer Insel gemacht!). Der Kanalbau war in seiner Zeit eine ingenieurtechnische Meisterleistung, aber die Wasserstraße ist (trotzdem) längst wieder zugeschüttet worden.

Viel weiter hat der Kanal Xerxes und seine Kriegspläne auch nicht gebracht. Seine Flotte ist in der weltbekannten Seeschlacht vor der Insel Salamis von den Griechen unter Themistokles vernichtet worden.

Nach diesem Zwischenspiel mit der Berühmtheit ist die schwer zugängliche Gebirgsregion wieder an den Rand des Weltgeschehens geraten. Und als die Mönche den Athos dieser Randlage wegen als Zufluchtsort wählten und Klöster bauten, wurde er sogar zum »weißen Fleck«; denn die

Mönche konnten Jahrhunderte lang alle Besucher und damit alles Weltliche von ihrer Halbinsel fernhalten.

Wir waren erleichtert, als wir endlich unser Hotel in *Thessaloniki* (Bild S.8/9: *Weißer Turm*) erreichten. Das Taxi hatte sich schon vom Flugplatz aus seinen Weg durch verstopfte Straßen suchen müssen, und uns hatten dichte Abgase und südliche Hupkonzerte zugesetzt.

Im Hotel machte uns unser griechischer Gewährsmann, der sich für einen Athos-Freund ausgab, mit seinem sehr alten Onkel bekannt, den er uns als Athos-Führer zugedacht hatte und der, weil er ein bisschen Deutsch sprach, dazu ganz geeignet schien. Merkwürdig waren nur seine zahlreichen Vorbehalte, die er uns bei einem guten griechischen Abendessen mit Dolmades, Fisch und Feta vortrug: Auf dem Athos sei das Essen bei weitem nicht so gut wie hier, außerdem dürfte man nicht zur falschen Jahreszeit kommen, denn im Sommer sei es viel zu heiß, also lieber im September oder Oktober oder im Mai oder – spätestens – Juni. Zudem müsste er jedermann vor dem oft stundenlangen nächtlichen Beten dringend warnen; er könne die Strapazen des endlosen Kniens sowieso nicht mehr ertragen. Als er dann noch eine horrende Summe für die Athos-Führung verlangte, musste ich solche Art »Hilfe« höflich ablehnen, kaufte ihm eine Omnibuskarte für die Heimfahrt und verabschiedete ihn ein bisschen verstimmt.

Wir, mein Freund Christian und ich, würden uns von unserem Vorhaben nicht abbringen lassen.

Wahrscheinlich nirgendwo anders haben – nein, nicht die Götter, die dazu viel zu einfallslos wären, vielmehr – irgendwelche Behörden so viele Hindernisse aufgebaut wie vor einem einfachen Besuch der Athos-Region. Also: Zuerst gingen wir zum deutschen Generalkonsulat, wo man uns gegen Vorlage unserer Pässe eine Unbedenklichkeitsbescheinigung ausstellte, mit der wir dann beim griechisch-mazedonischen Innenministerium eine Aufenthaltsbescheinigung abholen sollten, die wir vor Monaten angefordert hatten. Wir würden sie an der Grenze zum Athos, in *Ouranópolis*, im Büro des »heiligen Berges Athos« gegen Zahlung von 8 000 Drachmen in einen Athos-Pass eintauschen. (Bei einem früheren Besuch hatten wir noch eine Bescheinigung unserer Heimat-Pfarrei vorlegen müssen, dass wir eingetragene Mitglieder der christlichen Glaubensgemeinschaft waren), heute bekommt man diesen Schein – nach telefonischer Voranmeldung – im Pilgerbüro des »heiligen Berges Athos« in der Karamanlis-Avenue. Aber woher wissen die Leute von unserer Konfession?

*Ouranópolis*

Wir haben nun wohl alle wichtigen Unterlagen zusammen. Am Taxistand des Flughafens hatte ich gestern Dimitri kennen gelernt. Er spricht leidlich Deutsch, denn er hat längere Zeit in Baden-Württemberg gearbeitet. Schon deshalb schien er mir als Fremdenführer geeignet. Natürlich kennt er alle guten Restaurants seiner Heimatstadt; er weiß, dass man von der Zitadelle aus weit umherblicken kann, aber ebenso weiß er etwas über den altrömischen Galerius-Bogen, über wichtige byzantinische Kirchen – die »Zwölf Apostel« etwa – und über die Schätze im byzantinischen Museum. Da und dort ergänzt er längst bekannte Daten aus der wechselvollen, meist blutigen Geschichte Thessanlonikis durch Bemerkungen zu Ereignissen aus neuerer Zeit. Wir werden also nicht mit dem Omnibus nach Ouranópolis fahren, sondern mieten uns Dimitri und sein Taxi. Dafür zeigt er uns auf der Fahrt durch die Chalkidike immer etwas Besonderes: die Höhlen-Systeme in Petralos, in dem die größte Höhle nach dem größten Sohn der Gegend benannt ist, nach Aristoteles (384–322 v. Chr.), der aus Stagyra stammt. Sein Denkmal aus weißem Marmor sieht zum Athos hinüber, als ob es daran erinnern sollte, dass auch er schon in seinem umfassenden philosophischen Werk nach dem »telos« gefragt hat, nach dem »letzten Zweck«. Und Dimitri erinnert sich mit einigem Stolz daran, dass griechischer Kultureinfluss durch Alexander von Mazedonien (356–323 v. Chr.), den großen Schüler des großen Aristoteles, bis nach Indien getragen worden und dort auf Buddha-Skulpturen in der Ghandara-Zeit (1./2. Jh. n.Chr.) nachzuweisen ist.

Von Tripiti aus sehen wir dann schon den *Turm von Ouranópolis*. Dort, am Eingang zum Athos sozusagen und daher »Himmelsstadt«, treffen wir Fanny, eine rüstige Achtzigjährige, die gut Englisch spricht. Sie weiß fast alles über den Athos, weil einige Mönche, wenn sie aus- und wieder einreisen, stets bei ihr hereinsehen und sie mit den letzten Neuigkeiten versorgen.

Bis zum Zweiten Weltkrieg war Ouranópolis ein verschlafenes Fischerdorf. Der Athos-Tourismus ließ es zuerst langsam und zuletzt immer schneller wachsen. Heute stehen hier große Hotels, bei der Schiffsanlegestelle ist eine Einkaufs-, Vergnügungs- und Genusszeile entstanden; und hier deutet sich auch der nahe Orient schon an: Man muss Acht geben, dass man nicht gründlich übers Ohr gehauen wird.

Im Büro des »heiligen Berges Athos« wird der Athos-Pass, das Diamonitirion, ausgestellt; Gebühr 8 000,- Drachmen (ca. 40 Euro). Auf dem Stempel für diesen Pass begegnen wir zum ersten Male der Panagia (= Allheilige), der allerheiligsten Mutter Gottes. Dieser vierteilige Pass ist erst dann gültig, wenn ihn vier dazu besonders befugte Mönche zusammenstellen. Mit ihm kann man den Athos vier Tage lang besuchen und wird sogar in Klöstern voll verpflegt; athonitisch, außerordentlich einfach.

120 : 10 : 0 ist keine Quote beim Pferderennen, sondern eine Quote, mit der die Athos-Bewohner ihre Vorbehalte gegen Fremde, Ausländer (10) und Frauen (0) ausdrücken; denn täglich dürfen 120 Griechen und ein paar Ausländer – nach langer Voranmeldung – die Mönchsrepublik besuchen, die nur eine einzige Frau kennt: Panagia, die Allheilige (Gottesmutter).


Ein auffälliges Schild an der Hafenmole in Ouranópolis weist auf das Frauenverbot (Abaton) hin, das seit mehr als tausend Jahren besteht. Und es macht keinen Sinn, auf seine Aufhebung zu warten. Deshalb ist kaum zu verstehen, dass fast alle Griechen und viele Ausländer mit ihren Frauen und sogar mit der ganzen Familie in Ouranópolis anreisen. Von ihrem Anhang verabschieden sie sich dann gegen zehn Uhr am Vormittag in einem unübersehbaren Gedränge wortreich und laut, um das Schiff zu besteigen.

Die Überführung zu Schiff zum Athos-Hafen Dafni dauert noch etwa zwei Stunden.

*Tafel zum »Frauenverbot«*

Die Gottesmutter Panagia ist auf dem Athos ständig zugegen. Ein Sturm soll sie seinerzeit dorthin verschlagen haben. Weil sie die paradiesische Natur der Halbinsel in Entzücken versetzte, erbat sie sich dieses Stückchen Erde von ihrem Sohn als Garten. So will es eine Legende wissen.

Jetzt ist es wichtig, noch einiges mehr über den Athos zu erfahren. So ist das Gebot der Unbetretbarkeit kein Zeichen für Frauenfeindlichkeit, auch keines für eine Geringschätzung der Frauen, vielmehr verweist es auf eine Art »heiliger Scheu« vor ihnen. Natürlich sollen die Mönche nicht durch die Reize des anderen Geschlechts in ihrer frommen Versenkung gefährdet werden, aber auch das Blut, aus dem neues Leben entsteht, kann sogar dem Allerheiligsten gefährlich werden (deshalb dürfen auch überall anderswo Wöchnerinnen erst vierzig Tage nach der Geburt ihres Kindes wieder eine Kirche betreten).

Das Abaton gilt übrigens auch für jedes andere Allerheiligste, also auch für den Bezirk um den Altar herum, der in einer orthodoxen Kirche gewöhnlich durch eine Bilderwand verborgen bleibt. Es ist ein Gesetz aus früher byzantinischer Zeit, 883 ausdrücklich durch ein Dekret Kaiser Basileus' bestätigt, immer wieder erneuert, sogar durch Firmane (= Beamte) der türkischen Sultane anerkannt und schließlich in der griechischen Verfassung festgeschrieben.

Frauen, die dagegen verstoßen, müssen mit empfindlichen Strafen rechnen, und selbstverständlich wird es nirgendwo sonst in der orthodoxen Welt so streng gehandhabt wie auf dem Athos. In das Verbot eingeschlossen sind auf dem Athos bartlose Knaben und – Eunuchen. Ein weiteres Gesetz dieses Kaisers regelt die besonderen Rechte der Eremiten.

Eine niedrige Mauer trennt den Athos von der Chalkidike. Man sieht sie, kurz nachdem das Schiff den Hafen von Ouranópolis verlassen hat. In dieser Mauer gibt es nur einen einzigen Durchlass, für den man natürlich eine besondere Erlaubnis braucht. Hinter dieser Mauer beginnt der Athos mit ausgedehnten, fast unberührten Wäldern in einer Bergregion. Im Frühling leuchten dort goldgelber Ginster und die lilaroten Blüten der Judasbäume aus dem Grün der Bäume. Erst später schneidet da und dort mal eine Straße in diese Einsamkeit.

Ein Rudel Delphine hat unser Schiff ausgemacht und zieht nun verhalten gleitend, aber auch übermütig springend neben uns her. Auf ein paar spitzen Felsen sitzen Kormorane und dösen oder trocknen ihr Gefieder.

Wir legen zuerst beim Kellion *Megáli Jovántsa* an. Ein Kellion ist ein Haus, in dem Mönche außerhalb eines Klosters wohnen dürfen. Dann fahren wir an die Anlegestellen der

*Schiffsanlegestelle des Klosters Zográfou,*
*das selbst im Landesinneren steht*

*Hafen von Dafni*

Klöster *Zográfou* und *Konstamonítou,* die selbst im Landesinneren liegen, und landen schließlich an der Mole direkt beim Kloster *Dochiaríou.* Anlegemanöver bringen immer etwas Unruhe ins Schiff. Heute ist die See ruhig, aber wenn sie sehr bewegt ist, kann auch schon einmal ein Mitfahrer ins Wasser fallen. Zur Weiterfahrt steigen einige Mönche und Pilger zu. Nächste Halte bei den malerischen Klöstern *Xenofóntos, Panteleímonos* und *Xeropotámou* – und dann haben wir nach zwei Stunden Seefahrt den Hafen von Dafni erreicht.

Zunächst ist man von all dem Neuen und Ungewöhnlichen ringsum so in Anspruch genommen, dass einem die reine Männergesellschaft auf dieser Reise gar nicht auffällt, aber hier in Dafni, das nur aus ein paar Gebäuden mit Restaurants, den unvermeidlichen Andenken- und Devotionalienläden und einer Post besteht, wird diese Männerwelt deutlich. Es ist zu früh, über diesen besonderen Eindruck zu sinnieren, denn zunächst gilt es, sich für die Weiterfahrt in die »Hauptstadt« des Athos einen Platz zu sichern. Die beiden Mercedes-Busse sind in Deutschland schon mindestens 100 000 km gelaufen, aber für den Pilgerverkehr auf dem Athos reichen sie noch allemal. Beim Einsteigen geht es ein bisschen männlich-herb zu, aber zuletzt hat jeder seinen Platz gefunden.

# KARYES

Vor etwa 160 Jahren ist der Südtiroler Jakob Philipp Fallmerayer auf einem Maultier nach Karyes geritten und hat danach begeistert über den üppigen Laubwald aus Platanen, Buchen, Grüneichen, Ölfeigen, Nuss- und Kastanienbäumen, über Zypressen, Lorbeer- und Haselsträucher, über Mastix- und Maulbeerbäume und über Weinreben berichtet. Er wiederum bezog sich auf den Pariser Arzt und Botaniker Peter Belon, der aus wissenschaftlichem Interesse den heiligen Berg besucht und im 16. Jahrhundert die wohl erste Kunde von der »paradiesischen Schönheit der unbekannten Chersones und seiner mönchischen Gemeinde« ins westliche Abendland gebracht hatte.

Fallmerayer war damals noch Gast des Protos, des alljährlich neu zu wählenden obersten Abtes aller Klöster. Auch der Augsburger E. Kästner (»Die Stundentrommel vom heiligen Berg Athos«) musste noch in den 50er Jahren dem griechischen Generalgouverneur die Beweggründe für seinen Athos-Besuch darlegen. Er bezeichnete Karyes als »Undorf« und schreibt: »Karyes ist das einzige Dorf auf dem ganzen heiligen Berg, das man mit einigem Recht ein Dorf nennen kann. Es gibt gepflasterte Gassen, es gibt einen Kirchplatz, man sieht kleine Kaufläden, Werkstätten, den Schuster, den Schneider, man kann einen Maulesel mieten, es gibt ein Wirtshaus, es gibt eine Post. Auch die Gendarmerie ist hier stationiert. Aber Karyes ist ein Dorf ohne Frauen, ohne Kinder, ohne Zeugung, Geburt und Vererbung. Ein Dorf und kein Dorf. So ist alles von einer gewissen Groteske umzuckt.«

Mehrere Kellien ringsum sind schon Ruinen, andere, vor allem die große Skite *Ajíou Andréou*, zeigen deutliche Spuren des Verfalls und müssten dringend restauriert werden.

Auf dem alten Marktplatz warten einige Kleinbusse, um die Pilger in die umliegenden Klöster zu fahren, sogar bis zur *Großen Lavra* oder nach *Chiliandaríou*. Die Mönche sind geschäftstüchtig geworden.

Wir schultern unsere Rucksäcke. Der Weg führt uns am Restaurant, das einen ordentlichen Eindruck macht, an zwei »Tante Emma«-Läden, in denen man alles kaufen kann, an einem Stand, an dem ein Pater Bücher verkauft, und an einem »Bank«-Haus vorbei, in dem man auch Eurocards annimmt.

Wir gehen zur *Protaton-Kirche*. Diese älteste erhaltene Athos-Kirche ist nicht überkuppelt, hat als Kreuzkirche vielmehr ein Satteldach. Ihren Namen hat sie vom Protos,

*Karyes: Skite Ajíou Andréou*

jenem ersten unter den Äbten, der als »Regierungspräsident der Mönchsrepublik« bezeichnet werden kann.

Wir befinden uns in der Karwoche, und auf den Stiegen zur Kirche sind einige Mönche und Laien mit dem Putzen von Leuchtern und Kerzenständern beschäftigt. Das Tympanon über dem Kirchenportal zeigt die entschlafene Gottesmutter, denn die Kirche ist wie auch die Gotteshäuser der Klöster *Lavra* und *Iwiron* der Himmelfahrt Marias geweiht (Koimesis, am 15. August). Die farbigen Kirchenfenster dämpfen das einfallende Tageslicht bis zu einer weihevollen Stimmung, die durch eine große Ruhe unterstrichen wird. Aber es reicht aus, die Heiligenbilder ringsum und die herrlichen Fresken des Panselinos von Thessaloniki auszuleuchten (13. Jahrhundert).

Zumindest alle griechischen Pilger versuchen, die wundertätige Ikone *Axion Estin* (»Es ist würdig«) zu küssen, die als die berühmteste Ikone Griechenlands gilt und sich im Altarraum hinter der Ikonostase (= Bilderwand mit Ikonen) befindet.

Gleich neben der Kirche hat der Protos seinen Dienstsitz, die heilige Epistasia. Ein Protos wacht seit 1045 über den »heiligen Berg« und seine Verfassung, über das geistige und kulturelle Zentrum der orthodoxen Welt. Bereits 972 erhielt der Athos seine Klosterverfassung (erstes Typikon),

*Karyes: Protaton-Kirche,*
*Ikone »Axion Estin«*

auf so genannten Tragos, Ziegenhautpergament, vom oströmischen Kaiser Johannes Tzimiskes unterfertigt. Hier
werden zwei Formen des mönchischen Lebens genannt:
die klösterliche Gemeinschaft und das Eremitentum.
Erst hier beim Protos kann man um die Erlaubnis für einen
längeren Aufenthalt auf dem Athos nachsuchen. Sie wird
im Allgemeinen gewährt.


## KLOSTER KUTLUMUSÍOU

Unser nächstes Wanderziel ist das Kloster *Kutlumusíou*.
Es ist nicht weit bis dorthin. Unterwegs lockten uns der
Geruch von frischem Brot in eine Bäckerei, und wir nehmen – vorsichtshalber – einen ganzen Laib mit, denn erst
im Kloster *Iwiron* wollen wir übernachten.
Im Kloster *Kutlumusíou* wird gerade die Oster-Liturgie ge-
probt. Das Katholikon, die Hauptkirche, ist überfüllt, also
können wir uns nur die Fresken aus der kretischen Schule
(um 1540) in der Vorhalle anschauen. Draußen genießen
wir dann auf einem schattigen Plätzchen ein Stück von unserem Athos-Brot. Die Landjäger dazu haben wir mitge-
bracht, denn die Mönche sind Vegetarier.

*Im Kloster Kutlumusíou*

Weiter geht es dann auf einem alten, gepflasterten Karawanenweg, den wir ganz allein zu benutzen scheinen. Es ist angenehm zu wandern, denn soeben kommt etwas Wind auf, der auch noch ein paar Wolken herantreibt. Aus einem kleinen See tönt ein vielstimmiges Froschkonzert herüber. Der See ist hinter dichtem Waldgestrüpp verborgen, aber wir finden ihn auf unserer vorzüglichen Wanderkarte, die der Wiener Reinhard Zwerger gezeichnet hat. Die Frösche rufen nach ihren Weibchen, und es kümmert sie nicht, dass Fortpflanzung auf dem Athos unerwünscht ist.

## Kloster Iwiron

Wir haben noch etwa zwei Stunden zu laufen, bis wir das Kloster (*Bild S. 32/33*) ein wenig unterhalb unseres Weges sehen. Als wir dem Archontaris, dem Gästebetreuer, unser Diamonitirion (= Athospass) zeigen, meint er schmunzelnd und auf Englisch, dass nun im Kloster nichts mehr passieren könne, denn in dieser Nacht seien Ärzte für Menschen, Zähne und Tiere im Hause. Wir bekommen zum Willkomm herrlich kühles Wasser, ein Gläschen Ouzo und Loukumi, schrecklich süße, in Puderzucker getauchte Gelee-

Würfel, die an die lange vergangene Türkenzeit erinnern. Dann werden wir von einem jüngeren Mönch in unser Schlafzimmer eingewiesen, das wir mit zwei Amerikanern und zwei Landsleuten teilen. Die griechischen Pilger schlafen in eigenen Räumen.

Wir wollen zuerst die Ikone der *Portaitissa*, der Pförtnerin, sehen. Sie ist eine der drei Schutzpatroninnen des gesamten Athos. Aber wir stehen zunächst am Ende einer langen Besucherreihe nur im Vorraum der Kapelle und dürfen erst später so nahe an sie herantreten, dass wir das alte Kunstwerk genau betrachten können.

Draußen geht ein kräftiges Gewitter mit Sturm und Hagel nieder, doch hier im Kloster kann man sich sicher und geborgen fühlen. Gegen 18 Uhr wird zum Abendessen gerufen. Die Trapeza, der Speisesaal, liegt dem Katholikon gegenüber. Zuerst ziehen die Mönche ein, die der Abt anführt. Ihnen folgen die Pilger. Während des Essens besteht Redeverbot, aber vom Lesepult herab liest ein Mönch geistliche Texte. Das Essen ist einfach, immer, nicht nur in der Fastenzeit: ein Teller meist nur lauwarme Suppe aus Linsen und Reis, dazu trockenes Brot, ein paar Oliven, Fetakäse und frisches Wasser. Zu besonderen Gelegenheiten wird auch einmal ein herber Athos-Wein gereicht.

Essenszeit: zwanzig Minuten. Dann klopft der Abt mit seinem Stock den Vorleser ab, alle stehen auf, und Abt und Mönche ziehen als Erste wieder aus.

Ich kenne solche knappen Essenszeiten nur von meinem Dienst bei der Bundeswehr, Peter musste diesmal auf seinen Wein verzichten; er war zu langsam beim Essen. Aber er hat aus diesem Missgeschick gelernt.

Als ich vor einigen Jahren mit meinem schweizerischen Freund Christian das Kloster *Iwiron* zum ersten Male besuchte, fragte mich ein Mönch, zu welcher Konfession ich gehöre. Er gestikulierte heftig, schüttelte verständnislos den Kopf und forderte schließlich geradezu, dass ich endlich zum richtigen Glauben, dem orthodoxen übertreten müsse. Entsetzt war er dann, als ich erklärte, dass ich über diesen Schritt zunächst mit meiner Frau sprechen wollte. Christian hat verstohlen zur Seite gegrinst, und der Mönch ist ganz enttäuscht weitergezogen. Als wir uns am nächsten Tag noch einmal trafen, lächelte er.

Draußen regnet es noch immer, aber die Nachtigallen schlagen an, und wir finden bald unseren Schlaf auf harten Betten. Ja, wir schlafen so gut, dass nur Peter das Stundentrommeln mit dem *Simantron* hört. Rücksichtsvoll ließ er uns alle weiterschlafen; und wir hatten dann ein schlechtes Gewissen.

Natürlich ist auch das Frühstück karg: Brot, ein paar Oliven und Fetakäse, dazu gezuckerter Tee.

Von *Iwiron* aus kann man schon den Athos-Gipfel sehen – wenn das Wetter gut ist. Heute hängen die Wolken noch tief. Wir sitzen in der überdachten Einfahrt zum Kloster und beraten darüber, was man bei solch regnerischen Wetter machen kann. Zuerst werde ich meinen Begleitern noch berichten:

*Iwiron* steht an der dritten Stelle in der Rangfolge der Athos-Klöster. Als ich den Athos zum ersten Male besuchte, konnte ich hier am 28. August den Feiern zum Tag »Mariä Himmelfahrt« beiwohnen. Bei uns ist Mariä Himmelfahrt am 15. August. Auf dem Athos gilt noch der Julianische Kalender, der unserem Gregorianischen 13 Tage »nachhinkt«. Der Gottesmutter ist das Kloster geweiht. Es wurde 976 von einem ruhmreichen General aus Georgien gegründet. Dessen Sohn Euthymios übersetzte dann als Athos-Mönch georgische Literatur ins Griechische und machte sie so der abendländischen Welt zugänglich. (Georgier kann man mit Iberiern gleichsetzen, und von denen leitet sich Iwiron = Iberion her.)

Nach P. Huber zitiert: »Da Georgien im südlichen Kaukasus an der Nahtstelle zwischen dem ostkirchlichen Einflussgebiet und den Ländern mit außerchristlichen Religionsgemeinschaften (Islam, Buddhismus) liegt, kam diesem christlichen Vorposten an der Grenze Asiens eine wesentliche Rolle zu.«

So kam die ursprünglich indische (Buddha-)Legende von Barlaam und Josaphat über *Iwiron* und das nahe gelegene Amalfitanerkloster mit italienischen Mönchen in den westlichen Literaturkreis, wurde zum Mysterienspiel und in religiösen Dramen des Barock verwendet. Der Inhalt: Prinz Josaphat wird durch seine Erzieher sorgfältig gegen das Christentum abgeschirmt, aber dennoch durch einige Parabeln, die er von dem Eremiten Barlaam erfährt, zum christlichen Glauben bekehrt. Er verzichtet danach auf seinen Thron und wird Eremit, ebenso wie es lange vor ihm der Königssohn Gautama Buddha auch getan hat.

Weil laut quietschend ein Kleinbus mit Griechen neben uns hält, werden wir jäh aus unseren Betrachtungen gerissen. Als wir nach dem »Woher und Wohin« fragen, erfahren wir: »nach *Karyes*« – und werden zum Mitfahren eingeladen. So sind wir bald wieder am Sitz der Athos-Regierung. Von dort bringt uns wenig später ein freundlicher alter Mönch mit seinem Geländewagen zum Kloster *Pantokrátoros*.

*Kloster Iwiron: Abt von Protos (1997)*

*Kloster Pantokrátoros*

# KLOSTER PANTOKRÁTOROS

Als wir diese Klosterburg, die dem Allherrscher, Pantokrator, geweiht ist, zum ersten Male besuchten, kamen wir zu Fuß. An den Straßenrändern blühte üppiger Ginster, weißer und gelber Affodil und leuchtender Mohn, deren Farben sich vom tiefen Blau des Himmels und des Meeres abhoben. Das Kloster thront malerisch auf einem hohen Felsen über einer geschützten Meeresbucht. Ein Aquädukt, der früher frisches Wasser heranführte, durchschneidet einen Olivenhain mit knorrigen Bäumen. Im nahen Klostergarten werden Salat, Gurken, Karotten, Auberginen und Kartoffeln gezogen.

Unmittelbar vor der Klosterpforte vergnügt sich ein Katzenpaar beim Liebesakt – und wir können uns ein Schmunzeln nicht ganz verkneifen.

Der Klosterhof ist in *Pantokrátoros* kleiner als in *Iwiron*, und das Katholikon steht frisch dunkelrot angestrichen an seinem Nordrand, leicht erhöht.

Ein junger griechischer Gästemönch begrüßt uns freundlich. Wir sind angemeldet; die meisten Klöster und Skiten schätzen das, aber weil es lange vorher geschehen muss, macht es die Planung einer Reise oft schwierig.

Pater Theophil spricht besser Französisch als Englisch, denn er hat vier Jahre lang in Straßburg katholische Theologie studiert und dort auch promoviert. Ich schätze ihn auf etwa dreißig Jahre. Als er von seiner Studienzeit berichtet, lächelt er: Er kenne die westliche Lebensweise und sei froh, hier auf dem Athos leben zu dürfen. Für das Kloster *Pantokrátoros* habe er sich aus persönlichen Gründen entschieden, auch weil ihm das praktizierte idiorhythmische Mönchtum besser liege als das kinowitische. Dann erklärt er uns: Er kann über eigenen Besitz verfügen und sogar über seine eigene Zeit bestimmen. Er kann einem eigenen Beruf nachgehen, nach einem eigenen Rhythmus leben und sogar in seiner Zelle essen. Dem Gottesdienst muss er nicht die ganze Zeit über beiwohnen, – und wenn er einmal dabei einschlafen sollte, kann er dafür Buße tun – oder auch nicht. Ein Mönch in einem kinowitischen/koinobitischen Kloster hingegen, etwa *Kutlumusíou*, muss alles aufgeben, das Vermögen und den eigenen Willen. Er verpflichtet sich zu absolutem Gehorsam, zu Armut und Keuschheit (eingeführt um 360 nach Basileos von Caesarea).

Der Pater erläutert weiter, dass es in der Orthodoxie keine Mönchsorden wie anderswo gibt, sondern Mönchsgemeinschaften innerhalb eines Klosters. Dabei waren alle Klöster ursprünglich kinowitisch, später idiorhythmisch, und heute sind die meisten von ihnen wieder kinowitisch. Mit Pater Theophil leben noch etwa dreißig Mitbrüder in *Pantokrátoros* (auf dem gesamten Athos etwa 1700). Ich frage ihn, ob er uns in der Klosterbücherei alte Handschriften und die eine oder andere Ikone zeigen würde. Zunächst verweist er uns auf den nächsten Vormittag, dann aber ist der Bruder, der den zweiten Schlüssel zu dieser Schatzkammer bewahrt, »leider« unauffindbar, aber von den Ikonen gäbe es doch einen guten Bildband, den ich mir kaufen könne. Abends preist er ihn mir im Klosterladen noch einmal an.

In den Klosterburgen haben sich im Laufe der Zeit bedeutende kulturelle Schätze angesammelt. Diese Kostbarkeiten haben auch immer wieder die Habgier von Seeräubern des Mittelmeeres gereizt. Deshalb werden noch heute die starken Tore der Klöster mit dem Sonnenuntergang verschlossen – und wer später kommt, muss im Freien übernachten.

Nach dem Abendgottesdienst (Esperinos) und dem gemeinsamen Abendessen in der Trapeza führt uns ein Novize aus Armenien, der gut Französisch spricht, in eine unscheinbare Hütte vor dem Kloster. Als er die Tür aufschließt, sehen wir: Es ist eine kleine Kapelle, in die durch winzige Fenster nur spärlich Licht fällt. An jenem Abend wird zum Gedenken an Athanasios (um 925 – 5.7.1001), den Gründer der Athos-Gemeinde, der hier als Eremit lebte, eine Kerze angezündet. Zuletzt zeigt er uns noch unter strenger Verschwiegenheit das Gebeinhaus unter der Kapelle, in das die verstorbenen Mönche gebracht werden, nachdem sie drei Jahre lang in ihrer Mönchskleidung bestattet gewesen waren.

Um 4.30 Uhr weckt uns die Stundentrommel, das Simantron, zum Frühgottesdienst. Erhart Kästner schreibt dazu: »Die Stundentrommel, das hölzerne Schlagbrett, wird zum Beginn der Horen geschlagen, so zum Mitternachtsdienst, so zum Orthros [= gemeinsamer Frühgottesdienst]. Der Hammer macht auf dem Zypressenbalken schnelle hohe und tiefe Töne, je nachdem ob der Schlag in der Mitte oder mehr am Rande auftrifft. Der Mönch trägt den Balken vor sich. Während er trommelt und geht, hallt es von da und von dort durch die Nacht, kommt näher, verzieht sich, wird vom dunklen Torweg verschlungen. Das ist der Gebetsruf des Athos: viel Osten, viel Wüste. So knöchern; so dürr; aus dem Herbarium von zehntausend immer und immer gleichen Nächten genommen. Und doch, welche Fangkraft in solchem Geklöppel. Ein Netz, das einen schon fängt.

*Mönch mit der Stundentrommel*

Wie die Spitze webt sich das Trommeln in den Schlaf und den Halbschlaf hinein, ein Rapport nach dem anderen. Der Mönch, der das Simantron schlägt, geht über die Holzgalerien, die Treppen, die nächtlichen Schluchten; so schallt der hölzerne Psalter bald nah, dann wieder verhallt er. Wie eine elfenbeinfarbene Spitze heften die hölzernen Strophen sich energisch auf den schwarzen Wollstoff der Nacht; in der plötzlichen Stille schießt jede zu kristallenem Satze zusammen ...

Mythos: Glück und Weisheit der Völker. So wird Leben erst möglich. Und alles eingewohnt, eingewohnt. Du brauchst's nie alleine zu leisten, es haben schon viele vor dir das Leben ausgehalten, ertragen.«

Im dunklen Klostergang hören wir schon den Gesang der Mönche und treten ins düstere Katholikon ein, wo wir uns im Holzgestühl an der Wand einen Platz suchen. Auf dem gesamten Athos ist dieses Kirchengestühl gleich. Man kann darin stehen oder einen Sitz herunterklappen, – und das ist bei der meist Stunden dauernden Liturgie angenehm menschlich.

Vorne stehen zu beiden Seiten der Ikonostase Gruppen bärtiger Mönche, deren Gesichter im flackernden Kerzenschein gespenstisch wirken. Sie singen im Wechselgesang

*Kloster Pantokrátoros: Katholikon,*
*Radleuchter*

mit kräftiger Stimme das Gotteslob. Dann wird auch einmal von einem Mönch der große Radleuchter, der etwa einen Durchmesser von fünf Metern hat, zu rhythmischem Schwingen angestoßen, was wohl die durch das Gebet in Bewegung gesetzte Erde symbolisieren soll.

Wieder treten orthodoxe Gläubige zu den goldglitzernden Ikonen der Ikonostase und verehren sie durch Küsse; ein bisschen unhygienisch, finde ich. Dann wieder öffnet sich in der Mitte der Ikonostase das so genannte Königstor. Ein zelebrierender Mönch tritt heraus und zu seinen Mitbrüdern – und das wiederholt sich mehrmals. So verläuft die Liturgie stundenlang. Sie ist beeindruckend, aber wir verstehen sie nicht, denn dazu braucht man viele Jahre. Das bestätigt mir auch Pater Theophil.

Die Kirche ist der Verklärung Christi, der Metamorphosis, geweiht. Deshalb schaut auch der Weltenherrscher/Pantokrator aus der Kuppel über alles herunter.

Von hier haben wir einen guten Blick zum Athos-Gipfel hinüber und zum nahen Kloster *Stavronikíta.*

Diese kleine Klosterburg ist in nur etwa einer Wegstunde auf einem gebirgigen Pfad zu erreichen. Sie liegt auf einem Felsen im Meer, der allerdings schon länger Zersetzungserscheinungen zeigt. Und weil mit ihm auch das Kloster zerstört würde, hat die UNESCO für dieses Stück Weltkulturerbe dringend nötige Sicherungsmaßnahmen eingeleitet.

Dieses kleinste aller Athos-Klöster ist dem heiligen Nikolaus geweiht. Leider mag man uns die Ikone dieses Bischofs von Myra (4. Jahrhundert) nicht zeigen.

Wir nächtigen noch einmal im Kloster *Pantokrátoros* und wandern am nächsten Morgen zur Skite des Propheten *Elias*. Dazu müssen wir etwa eine Stunde lang den Berg hinaufsteigen. In der Skite müsste allerlei erneuert werden, ist unser erster Eindruck.

Zuerst einmal stillen wir unseren Durst mit wunderbar kühlem Wasser aus einem Ziehbrunnen im Hof. Dann fragt uns ein Mönch, ob wir auch das Innere der Kirche sehen wollen, und geht voran. In der hellen Kirche bewundern wir eine vergoldete Ikonostase, die sogar das hohe Kirchenschiff bis zur Decke ausfüllt. Man glaubt hier noch eine russische Vergangenheit zu spüren, aber heute gehört die kinowitisch geführte Skite zum griechischen Kloster

*Skite Elias: Ikonostase*

*Kloster Watopédi*

*Pantokrátoros.* Dort hinunter hat man von der Terrasse aus einen schönen Blick. Hier oben, wo nur zwölf Mönche leben, ist es sehr ruhig.

Am nächsten Morgen nehmen wir endgültig Abschied vom Kloster *Pantokrátoros* und wandern nun nach der Zwerger-Karte weiter zum Kloster *Watopédi.*

## Kloster Watopédi

Teilweise können wir dabei auf der staubigen Autostraße gehen, aber lieber benutzen wir den alten, verschwiegenen Karawanenpfad. Drei Stunden lang wandern wir, ohne einem Menschen zu begegnen. Das Wetter ist herrlich, und in der Ruhe kann man wundervoll meditieren. An einem versiegten Brunnen rasten wir kurz. Früher haben hier auch die Maultiere getrunken, die fast alles auf dem Athos transportieren mussten – wo sind sie? Ihr Pfad scheint manchmal im Urwald zu enden.

Auch ohne dass wir angemeldet sind, wird uns in *Watopédi* ein Quartier mit dem Blick auf den Klosterhof zugewiesen. Bei diesem Kloster stehen die Ruinen der *Athos-Akademie,* die nur im 18. Jahrhundert bestand. Die Türken, die damals die Oberhoheit über den Athos hatten, duldeten sie, aber sie wurde schließlich von Mönchen angezündet, die fürchteten, dass dies ein Ort des Liberalismus und sogar des Atheismus werden könnte.

In die Umfassungsmauer zum Kloster und in die Klosteranlage selbst sind antike Fundstücke mitverbaut worden, deutlich sichtbar ein Schafskopf. Man vermutet, dass hier der bei Herodot (484 – zw. 424/402 v. Chr.) erwähnte Ort Dion gelegen haben könnte.

*Watopédi* steht in der Rangfolge der Athos-Klöster an der zweiten Stelle, wurde 985 auf Veranlassung von Athanasios gebaut und wird idiorhythmisch geführt.

Wir können am Fest »Mariä Geburt« dem Abendgottesdienst beiwohnen. Danach werden ein Holzspan vom Kreuz Christi und ein Stück vom Gürtel der Gottesmutter als Reliquien gezeigt, die die griechischen und zyprischen Pilger immer wieder küssen dürfen. Wer etwas Geld spendet, bekommt von einem Mönch ein Kettchen mit einem orthodoxen Kreuz umgehängt. Ein Zypriote erzählt mir auf Englisch, dass er eine Wallfahrt hierher macht, um für seine Söhne zu beten, die im Kampf mit den Türken um ihre Heimat gefallen sind.

Hier wird Maria ganz besonders verehrt. In der Vorhalle (Exonarthex) zum Katholikon sind einmalige Wandmalereien zu sehen, die schönste und bekannteste Abbildung zur Marienhymne des orthodoxen Christentums, die wir als »englischen Gruß« kennen: Der Erzengel Gabriel verkündet Maria, dass sie den Gottessohn gebären werde. Der Hymnus wird an den Feiertagen der Fastenzeit gesungen. Er ist auch ein Dank für die Rettung Konstantinopels vor den Arabern (621). Die Marienikone, die dabei den Belagerern entgegengehalten wurde, wird allerdings im Kloster *Dionysíou* aufbewahrt.

Fast die ganze Nacht hindurch leuchtet ein stiller Mond in den großen Klosterhof und über Kapellen und Brunnen.

Um 4.30 Uhr werden wir durch ein etwas zu schrilles Glockenzeichen ziemlich unsanft geweckt und gehen zur Morgenandacht. Danach ziehen wir mit dem Abt und den Mönchen zusammen in die Trapeza (Speisesaal), die in manchen Klöstern nur überdacht ist. Heute gibt es ein Festessen aus kaltem Fisch, Kartoffeln, Kraut, Wasser und Brot – und sogar Rotwein. Beim Auszug bildet der Abt mit seinen Mönchen eine Art Spalier, sodass wir ihm dankend zunicken können. (Das wäre eine schöne Fotoszene gewesen, aber hier besteht strengstes Fotografierverbot!)

Wir nehmen unsere Rucksäcke auf und schlagen den Weg durch eine sonnige Landschaft ein in Richtung auf das Kloster *Esfigménou*.

*Kloster Watopédi: »Akatisthos-Hymnus«,*
*Wandmalerei aus dem 14. Jh., überarbeitet 1819*

Der alte Maultierpfad führt zunächst leicht ansteigend durch Wiesen und Büsche. Jetzt im Frühjahr können wir gleich neben dem Weg den rosa Pflugschar-Zungenstendel bewundern, eine seltene Orchideenart. Im Herbst blühen hier violette und gelbe Herbstzeitlose, rote Alpenveilchen und dunkle Erika.

Auf einem Felsblock sonnt sich eine Eidechse. Ein Eichelhäher streicht lärmend ab, verstummt aber bald wieder. Die Ruhe ist wohltuend.

Da und dort ist der Wegrand aufgewühlt. Hufabdrücke und Kotreste verweisen auf Wildschweine. Anderswo droht Gebüsch den Weg zuzuwachsen. Man müsste es zurückschneiden – aber wer sollte das tun? Während unserer dreistündigen Wanderung begegnen wir niemandem.

Dann liegt *Esfigménou* vor uns, unmittelbar am Meer. In einer Ecke des Klosterhofes hängen Wäsche und Kleider der Mönche, denn heute ist Gründonnerstag, und die Klosterbrüder haben vor dem größten Fest ihrer orthodoxen Glaubensgemeinschaft Waschtag gemacht. Mir fällt auf dem Klosterturm die schwarze Flagge neben der griechischen Fahne und der des Athos auf. »Orthodoxie – oder der Tod« soll sie ausdrücken, denn der Patriarch von Istanbul hat die

*Kloster Esfigménou: Innenhof*

Orthodoxie verraten, als er sich mit dem römischen Papst traf. Von Ökumene halten die Athos-Mönche nichts.

Das müssen wir wenig später noch einmal spüren, als wir versuchen, die Treppe zur Vorhalle des Katholikon hinaufzusteigen, um an der Osterliturgie teilzunehmen. Ein wild gestikulierender Mönch mit abweisendem Blick weist uns schroff zurück, wir dürfen nicht einmal eine Bitte vortragen und müssen kopfschüttelnd wieder hinunter steigen. Also machen wir uns auf den Weg zum nahe gelegenen

## KLOSTER CHILIANDARÍOU

Wir wandern durch ein romantisches Tal und erreichen unser Ziel nach etwa einer halben Stunde. Bei den Serben in dieser Klosterburg wollen wir nun das Osterfest feiern, (das im Jahre 2000 auf das letzte Aprilwochenende fällt, eine Woche nach dem gleichen Fest in den anderen christlichen Kirchen). Eigentlich hatte ich es schon im Jahr zuvor miterleben wollen, doch damals hatte man mir des Krieges in Jugoslawien wegen davon abgeraten.

Für heute, den Gründonnerstag, haben wir uns mit dem deutschen Mönch Pater Panteleimon verabredet. Sein

Kellion an der Westküste des Athos gehört zum Serbenkloster *Chiliandaríou*.

Die dicken, wehrhaften Türen zum Kloster sind an den Wänden festgelegt. Also scheinen sie auch nachts offen zu bleiben. Aber weil der Klosterhof vom gewaltigen Wehrturm des heiligen Sabbas überragt wird, fühlen wir uns auch so geborgen. Der Weg führt am Weihbrunnen, der Phiali, vorbei, und wir wollen zum Katholikon. Das ist noch verschlossen. Aus dem Refektorium kommen uns die Mönche entgegen und unter ihnen Pater Panteleimon, der uns sofort herzlich begrüßt.

Obwohl die Mönche schon gegessen haben, besorgt er uns einen Imbiss und nimmt sich die Zeit für ein Gespräch mit uns. Und weil es erst am Ostersonntag wieder etwas zu essen geben werde, sollten wir doch ordentlich zugreifen. So hartes Fasten wäre eine unangenehme Überraschung gewesen – aber wir haben ja eigene Verpflegung mit.

Da das Kloster voll belegt ist, zeigt man uns einen Schlafsaal mit Serben, und dort entwickeln sich sofort interessante Gespräche. Einige der Serben sprechen gut Deutsch. Sie haben längere Zeit in Deutschland gearbeitet. Andere wiederum kommen sogar unmittelbar von dort. Verstimmung oder Ablehnung sind nicht zu spüren, obwohl man eine Krise spürt. Aber hier sind wir alle Gäste.

*Kloster Chiliandaríou*

*Kloster Chiliandaríou: Im Eingang
des Katholikon, Grablegung Marias*

Das Kloster *Chiliandaríou* spielt für das Nationalbewusstsein der Serben eine wichtige Rolle. Ihre Führer hatten zu allen Zeiten ein gutes Verhältnis zu ihm, denn es erinnert an eine Schlüsselstellung der Serben auf dem Balkan gegenüber Byzanz und hat nach dem Untergang des oströmischen Reiches gewissermaßen die historische Rolle einer »Ahnherrin« über die serbische Nation übernommen.

Das Kloster ist 1197, also verhältnismäßig spät, durch einen Serbenführer gegründet worden, der dann später auf seine Königswürde verzichtete und sich hierher zurückzog. Die Mönche leben in einer idiorhythmisch-kinowitischen Mischform; aber mir scheint, dass es hier ein wenig lockerer zugeht als bei den Griechen.

Zu den Gebeten werden wir entweder mit dem Simantron oder mit einem Glockengeläut gerufen. Die Schätze des Museums dürfen wir besuchen, aber die Bibliothek bleibt uns auch hier verschlossen.

Am Karfreitag wandern wir zum kleinen *Basileos-Kloster*, unmittelbar am Meer. Dort lebte zuletzt nur noch ein einziger Mönch, der vor kurzem gestorben ist. Aber die schönen Fresken in der Kapelle werden jedenfalls restauriert. Die hügelige Landschaft erinnert mit ihren klostereigenen Weinbergen an Landesteile der Provence. Sie unterscheidet sich grundlegend vom etwa fünfzig Kilometer weiter südlich liegenden Landende des Athos mit seiner steilen Felsenküste. Hier ist übrigens das einzige Gebiet, wo auf dem Athos Getreide angebaut werden kann.

Zu dieser Jahreszeit mischen sich neben dem Ginstergold und den lilaroten Judasbäumen auch die weißen Wolken blühender wilder Kirschbäume in das Grün der Hecken, die die Weinberge umgeben. An einem nahen Tümpel flüchten hektisch einige Wasserschildkröten vor uns in das schützende Wasser.

Beim Anblick dieser reichen Landschaft erinnern wir uns an die Weinlese vom vergangenen Jahr, zu der jedes Mal zahlreiche Serben als Helfer hierher kommen. Und das ist nötig, denn die Weinstöcke hängen stets voll dicker Trauben. Am Montag werden dann vor ihrer Abreise wieder viele Serben vor den Weinkellern stehen, um einen kleinen, zwei Liter fassenden Kanister mit Chiliandaríou-Wein mit nach Hause zu nehmen. Wir werden uns so einen Kanister mit einem Serben teilen, denn der Wein könnte viel besser ausgebaut werden. So schmeckt er zwar natürlich, aber ein wenig »roh«. Genießen wird in einem Athos-Kloster noch immer klein geschrieben.

Während der Karfreitags-Liturgie wird im Kircheninneren ein Altar errichtet, auf dem lediglich ein wertvolles Tuch ausgebreitet liegt. Es ist mit dem Osterevangelium des Markus bestickt und symbolisiert das Grabtuch Christi. Die Kirche bleibt nun bis zur Osternacht offen, und ein Mönch hält sozusagen »Totenwache«. Über das Kloster breitet sich heilige Karfreitagsruhe aus. Während der Liturgie geht ein heftiges Frühlingsgewitter nieder, und Pater Panteleimon teilt uns besorgt mit, dass er unbedingt zu seinem Kellion fahren müsse, um dort nach dem Rechten zu sehen. Zur Ostermette will er wieder zurück sein.

Früh aufzustehen sind wir längst gewöhnt. Neugierig mache ich einen kleinen Besuch in der Klosterküche, wo die Festvorbereitungen voll im Gange sind. Natürlich wird es Fisch geben, jene symbolträchtige Speise des Christentums. Und weil man mit etwa dreihundert Gästen rechnet, müssen viele Schuppen fliegen. Daneben werden ganze Berge von Kartoffeln geschält und Gemüse körbeweise geputzt. Viele gekochte Eier sollen noch rot gefärbt werden.

Wir wollen am Karsamstag noch das Bulgaren-Kloster

besuchen, das von der Westküste zwar auf kürzerem Weg zu erreichen ist, bis zu dem wir aber etwa zwei Gehstunden brauchen werden. Es ist herrlich, durch die Bergeinsamkeit zu wandern. Der Weg ist gut ausgeschildert. Die Wanderkarte von Herrn Zwerger stimmt haargenau.

Der Weg ist auch hier streckenweise fast zugewachsen. In dieser Wildnis schlagen Nachtigallen immer wieder einmal an. Einen Frosch sehen wir, der einer Fliege nachstellt. Schildkröten sonnen sich, und aus Floras Reich entdecken wir im Schatten großer Eichbäume das Waldvögelein und die Pontische Schachblume. Zuletzt leiten uns schöne alte Steinpfade zum Kloster.

Karsamstags-Ruhe umfängt uns – als ob das Kloster ausgestorben wäre. Tatsächlich leben nur noch fünfzehn Mönche hier, wie uns ein Novize erzählt, der uns im malerischen Klosterhof empfängt und zum Katholikon geleitet. Er zeigt uns dort die wundertätige Marienikone und sehr schöne Fresken aus dem Marienleben.

Aus Bulgarien kommt kaum Nachwuchs für sein Kloster. Auch Ostergäste haben sie nicht. Und eben läuft mühsam

*Kloster Zográfou: Innenhof*

und gebückt und auf einen Stock gestützt ein alter Mönch über den Klosterhof. Alles wirkt hier besonders vergänglich und wenig tröstlich, denn auch die Gebäude sind an verschiedenen Stellen renovierungsbedürftig, ganz besonders das ehemalige Gesindewohnhaus vor dem Tor.

Es zieht uns nach *Chiliandaríou* zurück. Dort besuchen wir den kleinen Friedhof und das Gebeinhaus. Tageslicht fällt durch die unverschlossene Gittertür auf die Mönchsschädel ohne Namen in den Regalen. Ich kann sie jetzt mit Ehrfurcht, aber ohne jede Melancholie betrachten, denn heute ist ja Osternacht, in der wir die Überwindung des Todes durch Jesus Christus feiern werden.

Gegen Mitternacht kommt Bewegung ins Kloster. Die Pilger strömen in die Kirche, und dann ziehen der Abt und etwa vierzig Mönche ein. Wir müssen angesichts der vielen Gäste in der Vorhalle bleiben, denn wir haben schon in den Tagen zuvor die wundertätige Ikone der *Panagia Tricherousa*, der allheiligen dreiarmigen Maria, im Hauptraum der Kirche betrachten können.

Drinnen wird der Mönchsgesang von der kräftigen Stimme des Pater Panteleimon angeführt, und immer wieder gehen Mönche mit Weihrauchgefäßen durch die Reihen der Pilger.

Mir fällt eine Stelle aus dem Athos-Bericht des deutschen Arztes und Schriftstellers Peter Bamm ein: »Das Mittel des östlichen Mönchtums, das Ziel der Vereinigung der menschlichen Seele mit Gott zu erreichen, ist die immerwährende Hinwendung zur Herrlichkeit der Herrschaft des Himmels im immerwährenden Gebet. Die Form, innerhalb derer das immerwährende Gebet lebendig ist, ist die Liturgie der östlichen Kirche. Sie ist sublime Symbolik, in der in einer Art sakraler Poesie alle Einzelheiten des Ritus zu den Ereignissen der Heilsgeschichte in Beziehung gesetzt werden. Diese Liturgie auch nur zu verstehen bedürfte es eines Studiums von Jahren. Sie in allen Einzelheiten zu erleben bedarf es der Übung eines Menschenlebens.

Das östliche Mönchtum hat in der Geschichte des byzantinischen Reiches eine bedeutende Rolle gespielt. Die Macht der Kirche beruhte auf dem Glauben der östlichen Christen, dass ein Mönch umso heiliger sei, je vollständiger er sich von der Welt abgewandt habe, und dass, je heiliger er sei, umso wirksamer seine Gebete seien. Die Macht der Mönche war ursprünglich eine geistige Macht. Es war die große Heiligkeit der Väter vom Athos, die dazu führte, dass die fern der Welt liegende, schwer erreichbare Mönchsrepublik der geistige Mittelpunkt der östlichen Kirche

*Kloster Chiliandaríou: Ikone »Tricherousa«*

wurde. In der östlichen Kirche sind orientalische Überlieferungen erhalten geblieben, die auf dem Kulturboden des Westens niemals hätten Wurzeln fassen können. Daraus erklärte sich, dass es den Frauen von jeher verboten war, den Boden der Mönchsrepublik zu betreten. Auf dem Athos wird man nicht geboren. Auf dem Athos stirbt man.«

In der Kirche entsteht plötzlich Unruhe, und ich werde aus meinen Gedanken gerissen. Die Serben bilden ein Spalier, um den Abt, die Mönche und schließlich alle anderen Anwesenden aus der Kirche in die dunkle Nacht ziehen zu lassen. Die Prozession geht bis zum nahen Weihbrunnen, die Kerzen flackern. Die Mönche singen weiter, und die Pilger treten zum Abt, um von ihm den Ostersegen zu empfangen, nachdem sie die Bibel geküsst haben.

Das ist der Höhepunkt der Ostermette. Und jetzt ist überall zu hören:»Christus ist auferstanden!«

Beim ersten Licht des jungen Ostertages ziehen wieder alle in einer Prozession zur Kirche zurück, um dort den Gottesdienst zu beenden.

Die Bienenwachskerzen werden ausgeblasen. Man begrüßt sich noch einmal mit:»Christus ist auferstanden!

Christus ist wahrhaft auferstanden!« Und dieser Gruß lässt ein merkwürdiges Gemeinschaftsgefühl entstehen.

Hungrig warten wir, bis das Refektorium geöffnet wird. Der Saal ist schnell voll, und wir freuen uns auf ein schönes Festmahl. Aber beim Anblick der Speisen auf den blanken Holztischen muss ich mir vergegenwärtigen, dass wir auf dem Athos sind und diesbezüglich nicht zu viel erwarten sollten. Wenn der Fisch nur richtig warm wäre! So kaue ich trockenes Brot, esse Kohl und harte Eier und vermische Athoswasser mit Rotwein.

Vor der Klosterpforte wartet Pater Panteleimon auf uns. Wir sind auf sein Kellion eingeladen. Als wir unser Gepäck aufgenommen haben, beginnt der Pater einige Lieder zu singen, auch deutsche Volkslieder, in die wir in unserer Osterfreude kräftig einstimmen.

In der Kapelle seines Kellions hält er noch eine kleine Andacht für uns, und wir nehmen anschließend gerne seine Einladung zu einem zweiten Frühstück mit warmem Kaffee, mit Hefezopf und Marmelade an – ganz wie zu Hause.

Eine der Katzen des Paters ist krank – und endlich kann Tierarzt Peter einmal mit seinem Skalpell helfen.

Weil ich meine, dass selbst der, der mehrere Male den Athos besucht, nur einen eingeschränkten, gefärbten

Einblick in das Alltagsleben der Mönche gewinnen kann, auch deshalb weil er den Berg nach wenigen Tagen wieder verlassen muss, ist es sicher angemessen, wenn ich zum Alltagsgeschehen Pater Panteleimon, einen deutschen Mönch aus Alpirsbach im Schwarzwald, selbst berichten lasse. Er kann wichtig von unwichtig, nützlich von überflüssig, heiter von ernst oder sogar bedenklich gut unterscheiden:

»Das Gartenjahr war ein gutes und ist immer noch ein reich gesegnetes. Den ganzen Gemüsebedarf konnte ich durch Eigenbau decken und noch vieles vom Ertrag verschenken.

Die Obsternte brachte Rekorderträge bei den Wasser- und Honigmelonen, gute Ergebnisse bei den Pfirsichen und Birnen. Allerdings durchbrach nächtens das Pferd Tutillo die Einzäunung eines gut bestückten Birnbaums und fraß neben den Früchten auch gleich noch die Blätter und Zweige ab. Schimpfen mit dem Guten hilft nichts. So entschloss ich mich zu einer stabileren Einzäunung des Baumes und hoffe auf eine reiche Ernte im nächsten Jahr.

Die Apfelernte fiel ganz mager aus, salzige Meereswinde verbrannten im April die Blüten der Bäume. Ähnlich erging es den Weintrauben. Es war nur ein mittelergiebiger Jahrgang. Nun bin ich gespannt, was aus dem Saft der Reben geworden ist, der in den Fässern lagert.

*Megáli Jovántsa*

*Megáli Jovántsa: Pater Panteleimon*

Eine stattliche Zahl von Besuchern ließ es sich nicht nehmen, mir bei der mühevollen Arbeit im Olivenhain zu helfen; allen sei dafür noch einmal gedankt. Nicht nur denjenigen, die jetzt bei der Ernte mithalfen – über drei Wochen verteilt waren 15 Helfer im Einsatz –, sondern auch jenen, die an den steilen Hängen säuberten und rodeten – oft herrschte dabei starke Hitze. Auch dem Fachmann sei gedankt, der bereits im vergangenen Winter beim Schneiden der Bäume mit Hand anlegte.

Die Ernte kann sich sehen lassen. Durch die Erlaubnis, in zwei benachbarten Olivenhainen mitzuernten, wurden es über 5 Tonnen Oliven, und mittlerweile ist eine gute Tonne, also 1000 Liter feines Öl in den dafür bestimmten Fässern und Kanistern. Um die Oliven möglichst rasch zu verwerten, musste ich zweimal den Weg in die Ölmühle machen. Ein nervenaufreibendes Geschäft – dagegen ist die Ernte eine wahre Freude. Besonders die zweite Tour verlief dramatisch: Zunächst war kein Lastwagen für die Fracht zu finden, dann haperte es zusätzlich an einem Schiff, schließlich verluden wir die Säcke mit den Früchten, die wir zuvor im Eiltempo gemeinsam mit den Nachbarn von *Megáli Jovántsa* abgefüllt hatten, bei leichtem Nieselregen und rauer See auf das Linienschiff nach Ouranópolis. Dies war durch ein freundliches Entgegenkommen des Kapitäns möglich, der geduldig das Lademanöver abwartete. Fast wunderbarerweise befand sich auf dem Schiff ein leerer LKW. Der Fahrer desselben war bereit, die Oliven zur Ölmühle zu fahren – natürlich gegen entsprechende Bezahlung. Synodis und ich beluden auf dem in Richtung Ouranópolis fahrenden Schiff den LKW – eine Knochenarbeit – und fuhren erst nach Einbruch der Dunkelheit zur einer eine Fahrstunde entfernten Ölmühle, diesmal ins Zentrum der Halbinsel Chalkidiki. Kilometerweit ging es über ungeteerte Wege, an Schlaglöchern bestand kein Mangel. Zweimal mussten wir erheblich angeschwollene Flüsse durch Furten passieren, ein starker Regen und zeitweise dichter Nebel erschwerten die Reise zusätzlich. Gegen zwei Uhr in der Nacht kehrten wir dann mit dem Öl nach Ouranópolis zurück.«

Am Nachmittag fahren wir nach Dafni zurück, den für jede Athos-Erkundung am besten geeigneten Ausgangsort. Dort lassen wir die klapprigen, staubaufwirbelnden Busse nach Karyes vorbeifahren und benutzen den teilweise noch gut erhaltenen Karawanenweg und erreichen nach einer knappen Stunde Kloster *Xeropotámou*.

Zunächst genießen wir den herrlichen Ausblick auf das weit unten liegende Meer. Der Gastmönch im Kloster reicht uns das traditionelle Athos-Wasser, Ouzo und Loukumi. Aber außer ihn können wir keinen weiteren Mönch sehen. Zwei griechische Pilger stehen unentschlossen herum. Das Katholikon ist geschlossen, aber der Gastmönch würde es uns später öffnen. Also ziehen wir noch einmal hinaus und bewundern rückwärtsblickend das großartige Athos-Massiv. Die Vegetation ist üppig, denn es ist angenehm warm. Ginster, Mohn, Heckenrosen und Wegwarte fallen besonders auf. Das Wandern auf halber Bergeshöhe ist ein Erlebnis.

Weil wir genug Zeit haben, wollen wir noch zu dem einzigen Kloster auf dem Athos gehen, das von russischen Mönchen bewohnt wird, die in kinowitischer Tradition leben: Kloster *Panteleímonos*.

*Kloster Xeropotámou*

# KLOSTER PANTELEÍMONOS

Vom Schiff aus hatten wir schon diese größte Klosteranlage auf dem Athos sehen können. Mehrere Häuser scheinen dem Verfall preisgegeben. Aber es ist auch schon viel renoviert worden. Die Kirchenkuppeln, meist in Zwiebelform, leuchten in frischem Grün, und im Klosterhof sind Steinmetze und Bauarbeiter tätig. Das Gästehaus, unmittelbar am Meer, war 1968 ausgebrannt. Inzwischen kann es wieder benutzt werden. Und so entschließen wir uns, für eine Nacht in einem Sechsbettenzimmer Unterkunft zu nehmen.

Der Gegensatz zum Kloster *Xeropotámou* kann nicht größer sein: In *Panteleímonos* herrscht reges touristisches Treiben. Uns wird Tee und Ouzo angeboten, und wir werden in den Klosterladen genötigt, den der geschäftstüchtige Pater Isaac führt. Die Mönche haben eine CD mit russischen Kirchenliedern aufgenommen, und man spürt überall russische Lebensart. Auf die russische Liturgie nachher in der Kirche können wir gespannt sein.

Dieses Großkloster ist schon lange in die europäische Politik einbezogen. Bereits 1169 wird ein Vorgänger-Kloster ein wenig oberhalb des jetzigen erwähnt. Das neue wurde dann am Ende des 18. Jahrhunderts gegründet und im 19. Jahrhundert im Stile russischer Klöster ausgebaut. Zeitweilig wohnten auch griechische Mönche hier. Aber allmählich gewannen die russischen Mönche die Überhand, und weil sie aus der Heimat großzügig unterstützt wurden, entwickelte sich ihr Kloster zu einem fernen Stützpunkt des russischen kirchlichen Lebens. Bis zum Ausbruch des Ersten Weltkrieges bestand sogar zwischen Odessa und diesem Kloster eine regelmäßige Schiffsverbindung. Allerdings durfte auch eine russische Großfürstin, die das Kloster gerne besuchen wollte, das Schiff nicht verlassen.

Zur Blütezeit lebten im Kloster über achthundert Mönche, in der Mitte der 70er Jahre des 20. Jahrhunderts waren es dann nur noch neun, sehr alt und gebrechlich. Damals sprach ein Besucher von einer »erlebten Apokalypse«; denn die Mönche konnten nicht einmal mehr Besuchern noch etwas zum Essen vorsetzten und waren sogar zu schwach, die große Glocke zu schlagen. Andere Mönchsgruppen freuten sich darauf, die Gebäude übernehmen zu können – aber dann geschah eine Art »Athos-Wunder«: Zunächst kamen vier junge Mönche, die das Weiterleben des Klosters sicherten, und nach dem Ende des Kommunismus und einem Aufbruch in der russisch-orthodoxen

*Kloster Panteleímonos (Russikon)*

Kirche, in der die meisten Gläubigen der Orthodoxie leben, kamen weitere Mönche hinzu. Beim Gottesdienst habe ich zweiundvierzig von ihnen gezählt.

Die Uhr auf dem Glockenturm zeigt die byzantinische Zeit, die viereinhalb Stunden weiter ist als die unsrige. Die Mönche hier richten sich auch nach dem alten Julianischen Kalender, nach dem alle Daten um dreizehn Tage gegenüber unserem verschoben sind. Und während unser Tag mitten in der Nacht beginnt, fängt er auf dem Athos mit dem Sonnenaufgang an und endet mit dem Sonnenuntergang. Der tiefe Klang der großen Glocke ruft zur Liturgie, die wir im Südteil der Doppelkirche mitfeiern dürfen. Ich bin vor allem von der hohen, reich vergoldeten Ikonostase beeindruckt. Die Königstür darin wird während des Gottesdienstes immer wieder einmal geöffnet, damit man den dahinter verborgenen Altar sehen kann. Beim Gesang der Mönche glaubt man sich in die Weite Russlands versetzt. Draußen war inzwischen ein schöner Tag aufgezogen. Die vergoldeten Kreuze auf den Kirchendächern glitzern in der Morgensonne – und wir rüsten zum Aufbruch zum nahe gelegenen Kloster *Xenofóntos.*

## KLOSTER XENOFÓNTOS

Hier werden wir wieder in der übliche Weise von dem Gastmönch begrüßt. Das Kloster ist fast ganz renoviert. Nur im neuen Katholikon wird noch gearbeitet. Die Fresken und eine wundertätige Ikone in der alten Kirche können wir ungestört bewundern.
Das nächste und letzte Kloster auf dieser Wanderung ist dann das Kloster *Dochiaríou.*

## KLOSTER DOCHIARÍOU

Es ist Mittag geworden. Gust, ein Pfarrer in unserer Gruppe aus der Schweiz, hält gleich vor dem Kloster im Schatten einiger Bäume eine kleine Andacht. Er liest aus dem 1. Paulus-Brief an die Thessalonicher: »Von den Zeiten aber und Stunden, liebe Brüder, ist nicht Not euch zu schreiben; denn ihr selbst wisst genau, dass der Tag des Herrn wird kommen wie ein Dieb in der Nacht ... Denn Gott hat uns nicht gesetzt zum Zorn, sondern das Heil zu gewinnen durch unseren Herrn Jesus Christus, der für uns gestorben ist, auf dass wir wachen oder schlafen und zugleich mit ihm leben sollen.

*Kloster Xenofóntos*

Darum ermahnet euch untereinander und erbauet einer den anderen, wie ihr es schon tut.« Ein wichtiger Tag für dieses Kloster ist der Tag der Erzengel, der 8. November, an dem die griechischen Mönche in den 80er Jahren des 20. Jahrhunderts zur kinowitischen Lebensform zurückgekehrt sind. Offenbar hatten sie in den vergangenen Jahrhunderten – das Kloster ist am Anfang des 11. Jahrhunderts von Euthymios, einem Freund des Athanasios, gegründet worden – in ganz unterschiedlichen Formen gelebt.

Wir betreten dann die Klosterburg, die etwa zwanzig Meter hoch unmittelbar über dem Meer liegt, durch ein schmuckloses Tor. Der Klosterhof ist eng. Der Gastmönch begrüßt uns freundlich, aber er weist auch sofort auf ein strenges Fotografierverbot hin.

Zum Meer hin ist an das Katholikon ein Gang wie eine Veranda angehängt, in dem Fresken zu sehen sind, die dringend restauriert werden müssten.

Wir betreten die Kirche mit einem Querschiff über zwei Vorhallen. Durch die große Kuppel über der Vierung kann man sozusagen in den geöffneten Himmel sehen, aus dem Christus Pantokrator herunterblickt. Die Kuppeln rechts und links stellen die Auferstehung und die Verklärung

Christi dar. Auf der Ikonostase werden die Verkündigung an Maria und Christus als Erlöser gezeigt. Nach ihrem Stil und ihrer Freskenausmalung gilt diese Kirche als »klassische« Athos-Kirche.

In der Grotte mit der Ikone der *Gorgoïpikou*, der »schnell zu Hilfe eilenden Gottesmutter«, zünden wir dann als Dank für die vergangenen schönen Tage auf dem Athos noch einige Opferkerzen an – und besteigen ein bisschen wehmütig das Schiff nach Ouranópoulis. Im späten Sommer werden wir wieder kommen, um dann das zweite große Athos-Fest mitzuerleben: den Pilgergang zum Gipfel des Athos, des Agion Oros.

Wieder landen wir in Dafni und fahren nach Karyes hinauf, um eine Aufenthaltsverlängerung einzuholen.

Noch ein Jahr vor seinem Tod, 1963, ließ König Paul I. von Griechenland die erste Straße auf der Athos-Halbinsel bauen. Anlass war die Tausendjahr-Feier des *Lavra-Klosters*. Die Straße war ein harter Eingriff in die weitgehend unberührte Natur. Wir benutzen sie, um zunächst zum Kloster *Filothéou* zu fahren, wo ich den Mönch Gabriel (Gawrilos) treffen will, dessen Hobby Fotografieren ist und der einen schönen Bildband über den heiligen Berg Athos herausgebracht hat. Leider treffen wir ihn nicht an.

*Kloster Dochiaríou*

*Kloster Filothéou: Innenhof*

So können wir nur den Klosterhof besichtigen und die Stille auf uns wirken lassen.

Auf der Straße am Meer entlang sehen wir dann wie einen erhobenen Finger den *Amalfitanerturm*, dcr als Ruine an das einzige Kloster der römisch-katholischen Kirche auf dem Athos erinnert, zu der Zeit, als die Kirchenspaltung noch nicht vollzogen war. Die Mönche waren vom Kloster des Monte Cassino in Italien gekommen und werden deshalb auch als Latiner bezeichnet.

Endlich kommen wir nach der »Schütteltour« vor dem *Lavra-Kloster* an.

## Megísti Lavra

Es ist das älteste Kloster überhaupt, das erste in der hierarchischen Ordnung aller Athos-Klöster. Es liegt nur wenige Gehminuten vom Meer entfernt, das allerdings oft recht stürmisch ist, sodass dann das Kloster mit dem Schiff nicht angelaufen werden kann. Gleich nebenan ist die Höhle zu sehen, in der Athanasios, der Gründer der gesamten Region, als Eremit gelebt hat. Diese frühen Christen wählten ihre Behausungen mit besonderem Bedacht: Nach Ptolemäus soll hier schon ein bedeutendes Heiligtum der Demeter gestanden haben, aber auch Apoll und Asklepios sind hier verehrt worden.

Das Archondarikion (Gästehaus) ist im Klosterhof leicht zu finden. In der blumengeschmückten Loggia werden wir vom Gastmönch begrüßt, der uns zuerst in die Kapelle der persischen Ärzte weist, die den Heiligen Kosmas und Damian geweiht ist. Von der Loggia aus hat man einen schönen Blick in eine mittelalterlich-byzantinische Ansiedlung. Die beiden Zypressen, die noch von Athanasios selbst und von seinem Nachfolger Euthymios gepflanzt worden sein sollen, wiegen sich leicht im Wind. Sie bilden den Rahmen zu einem interessanten Weihbrunnen (Phiali) und weisen zum Eingang des Katholikon hin. Der Weihbrunnen ist bereits 1060 entstanden, die Decke seines Baldachins wurde um 1635 ausgemalt. Marmorplatten rings um den Brunnen zeigen noch Symbole aus der griechisch-altorientalischen Geisteswelt, die jetzt aber christlich interpretiert werden: Das Kreuz, ursprünglich Sonnensymbol, gilt in Verbindung mit Reben sowohl als Zeichen der Eucharistie, als auch für das Leiden und Sterben; der Pfau, früher der Hera zugeordnet, steht heute für Unsterblichkeit (Hera

konnte jederzeit ihre Jungfräulichkeit wieder herstellen);
Löwen werden – über den Stamm Juda – mit Christus in
Verbindung gebracht. Der gleichfalls aus Kleinasien stam-
mende Doppeladler, der auch auf der Athos-Flagge er-
scheint, breitet seine Schwingen hier wie sonst nirgendwo
über das antike und das christliche Eurasien aus. So bilden
diese antiken Überreste an der Phiali einen überaus reiz-
vollen Kontrast mit dem neu Entstandenen. Je am Monats-
anfang findet am Weihbrunnen eine Wasserweihe statt.

Wir betreten das Katholikon durch einen gläsernen Vor-
bau und lassen die Fresken zur Apokalypse auf uns wirken.
Das Grab des heiligen Athanasios finden wir in der Kapelle
der vierzig Märtyrer, wir bewundern die Ikonen der *Ikono-
missa* und der *Axion Estin* und besuchen dann die Nikolaus-
Kapelle, ehe wir wieder ins helle Tageslicht treten.
Auch hier bleibt uns die Bibliothek mit kostbaren Handschriften, Reliquien und anderen Schätzen verschlossen.
Der Glockenturm sieht mit den Drähten, über die die Glo-
cken per Hand geläutet werden, ganz lustig aus. Der Speisesaal, die Trapeza, liegt dem Katholikon gegenüber, eine
Anordnung, die von mehreren anderen Klöstern übernommen worden ist und die die Mönche daran erinnern soll,
dass Speise und Trank die Physis erhalten müssen, die nötig

ist, um die langen Gottesdienste zu überstehen. Hier im *Lavra-Kloster* ist die Trapeza herrlich ausgemalt.

Am Ende unseres Rundgangs durch das Kloster geraten wir ins Weinlager mit einem riesigen, überdachten Holzfass. Schon am nächsten Morgen beginnt die Weinlese. Helfer schütten blaue Trauben in eine alte trichterförmige Presse, die auf einem Fass steht. Zwei Mönche überwachen das lärmige Treiben, dem wir noch ein bisschen zuschauen, ehe wir uns vom Gastmönch verabschieden. Noch lange ist das Kloster zu sehen, das vom Turm des Tsimiskis überragt wird. – Schlechtes Wetter zieht auf.

## Skite Pródromos

Zu dieser rumänischen Skite steigt der Fahrweg leicht an. Nach einer Gehstunde sind wir am Ziel, und da es inzwischen regnet, nehmen wir die uns angebotene Gastfreundschaft gerne an. Obwohl *Pródromos* von seinen Ausmaßen her ein Großkloster sein könnte, ist es nur eine Skite, die zum *Lavra-Kloster* gehört, also im Mönchsparlament in Karyes keine Stimme hat. Sie wurde Johannes dem Täufer geweiht, der am 7. Januar seinen Festtag hat.

*Megísti Lavra: Katholikon, Abtsstuhl*

*Amalfitanerturm –*
*Ruine des einzigen römisch-katholischen Klosters*

*Megísti Lavra*

*Megísti Lavra: Altes Athoswappen*

*(Byzantinischer Doppeladler)*

Ein besonders netter Mönch zeigt uns sogar die Ikone *Achiropiitos*, eine »nicht von menschlicher Hand gemalte« Ikone. Dazu wird erzählt, dass dem Mönch, der das Gesicht der Panagia malen wollte, die Hand immer wieder zu zittern begann. Daraus schloss man, dass er ein schwerer Sünder sein müsse, und empfahl ihm harte Buße – und als er dann wieder ans Werk gehen wollte, war die Ikone auf rätselhafte Weise schon vollendet.

Die Gegend um diese Rumänensiedlung ist die einsamste auf dem gesamten Athos. Nicht weit von *Pródromos*, am Kap Akrathos, steht die Ruine eines Beobachtungspostens der deutschen Wehrmacht aus dem Zweiten Weltkrieg. Das Kap ist durch schwere Stürme und häufig rauhe See unrühmlich bekannt. Von *Pródromos* verkehren wegen dieser Stürme Schiffe von der *Lavra* aus nur bei schönem Wetter, und weiter vom Westen her ist erst ab *Kavsokalívia* wieder Schiffsverkehr nach Ouranópolis möglich.

Als Abschiedsgeschenk haben wir für den Gastmönch eine Gartenschere, über die er sich sehr freut. Das Herbstwetter ist wieder schön, und wir können uns auf eine Wanderung entlang der Südküste freuen. Der Athos ist hier noch weitgehend unberührt, aber auch unbewaldet. Daher heißt die Gegend »Eremos« (Eremit) oder auch »die Wüste«.

An den Küstenfelsen kleben wie Schwalbennester Eremitenbehausungen, inzwischen allerdings meist verlassen. Mitunter kann man sich gar nicht mehr vorstellen, wie diese Anachoreten in ihre Hütten gelangen konnten, die waghalsig mit Balken abgestützt sind. Mit Leitern? Über Seile? Was bewegt einen Menschen dazu, der sich so gewagt in diese gefährliche Einsamkeit zurückzuziehen?

Richtig ist sicher, dass man sich hier ungestört aufs Jenseits vorbereiten kann, aber warum hat Gott den Menschen das Leben auf der Erde geschenkt? Mir fallen Vergleiche mit dem tibetischen Buddhismus ein. Auch dort verbringen entrückte Mönche ihr Leben zwanzig Jahre und länger in absoluter Einsamkeit, mitunter sogar in Dunkelheit.

(Sic!) Goethe lässt seinen Doktor Faust hier bei den Anachoreten enden – und in Wirklichkeit ist der Athos ein gänzlich un-faustischer Ort, denn der Doktor kommt nur in der Unrast, forschend und wirkend, zu sich selbst. Als er seinerzeit als eine große, überragende Gestalt aus dem Dunkel trat, haben wir mit ihm einen »Athos« – in jedem Sinne – verlassen, ist der beruhigten Seele ihre eigene Unruhe gegenübergetreten. Damit wurde er, der Forscher, zur beherrschenden Figur seiner und unserer Zeit und löste Könige und andere Herrscher ab.

Faust will »die Elementa spekulieren«. Dabei weiß er vom drohenden »in doctrina interitus«, vom Unheil in der Wissenschaft, davon, dass der Gelehrte, der Entdecker, früher oder später dem Teufel verfällt: dem Selbstzweck der Wissenschaft und der Leere. So aber kann der selbstvergessene Forscher Faust nicht länger Geist- oder Idealgestalt sein. Der Ruhm des Berühmten verblasst, er fasziniert nicht mehr – und damit beginnt wieder mehr Licht auf den Namenlosen zu fallen, auf irgendeinen Griechen etwa, dem nie anderes in den Sinn kam, als den Athos als Pilger zu besuchen.

Ich war bei diesen Gedanken einen Augenblick lang stehen geblieben. Jetzt reißt mich ein Mönch zu Pferde, der wie ein Gespenst plötzlich aus dem dichten Wald von Kastanien, Eichen und Buchen auftaucht, aus dem Nachsinnen. Verwirrt frage ich auf Englisch nach dem richtigen Weg – obwohl der einzig gangbare Weg natürlich auf unserer guten Karte verzeichnet ist. Er gibt gutmütig Auskunft, und ich muss nun endlich den Gefährten hinterherhasten.
Der Weg ist da und dort nach dem gestrigen Regen aufgeweicht und von Wildschweinen zerwühlt. Es soll hier sogar giftige Schlangen und Wölfe geben. Die Schlangen meiden die Menschen sorgfältig, und von den Wölfen ist noch niemand angegriffen worden.

*Skite Pródromos: Ikone »Achiropiitos« und Malermönch*

Dieser Ort (»verbrannte Hütten«) mutet wie ein schweizerisches Bergdorf an. Um das Katholikon mit einem spitzen Glockenturm ordnen sich mehrere Mönchsunterkünfte. Für Gäste steht eine einfache Unterkunft unmittelbar neben der Kirche zur Verfügung.

Am nächsten Morgen werden wir nicht vom Simantron, sondern vom Sägen und Hämmern mehrerer Handwerker geweckt. Als Gastmönch betreut uns Pater Grigoriou, der Holzschnitzer. Er lässt uns sein Atelier besichtigen und zeigt uns ein Album mit den Fotos all seiner Arbeiten. Zu verkaufen hat er zur Zeit nichts.

Er wohnt in seinem Kellion, das dem heiligen Ignatius geweiht ist, mit Pater Ignatius (86) zusammen, der mit den wenigen Zähnen, die ihm geblieben sind, ständig Kürbiskerne kaut. Ob sie ihm seine Rüstigkeit erhalten haben? Uns bietet er jedenfalls auch welche an. Die beiden Patres leben von den Erträgen aus dem kleinen Garten. Wir helfen Pater Grigoriou noch beim Pflanzen von Zwiebelstecklingen und bekommen reichlich Weintrauben dafür.

Gleich nebenan wird ein etwas größeres Kellion, das Josephaion, restauriert. Eine Maultierkolonne trägt Zementsäcke und anderes Baumaterial vom Hafen herauf. Diese trittsicheren Tiere sind als Verkehrsmittel hier im felsigen Süden des Athos unentbehrlich. Sie gehören Griechen, die sie den Mönchen vermieten. Im Josephaion begrüßt uns Pater Makarios, Ikonenmaler und Bildschnitzer. Sein Kellion war ursprünglich russisch und ist dem heiligen Georg geweiht. Die dazu gehörende Kapelle ist ganz ungewohnt hell. Sechs junge Mönche wohnen hier. Sie stellen ihr warmes Wasser mit Solarzellen her – die Neuzeit hat Einzug gehalten.

## SKITE KERASÍA

Der Weg führt zunächst steil nach oben. Erst bei etwa sechshundert Metern Höhe beginnt er nahe einer Quelle nach *Kerasía* abzufallen. Für den Aufstieg werden wir durch einen wundervollen Ausblick auf das Meer hinunter und zum Athos-Gipfel hinauf belohnt.

*Skite Kavsokalívia (links)*

*Skite Kavsokalívia: Werkstatt des Schnitzers*

## Skite Hagia Anna

Als wir in der Skite der heiligen Anna ankommen, sind wir doch recht müde. Neben der Kirche ist ein großzügiges Gästehaus entstanden, in dem wir die Nacht verbringen. Der Empfang ist – wie immer – freundlich. Aber zunächst erleben wir noch einen grandiosen Sonnenuntergang.

Bei der Morgenandacht, Tags darauf, müssen wir im Vorraum bleiben, weil nur orthodoxe Christen in den Hauptraum des Katholikon dürfen. Meinen Wunsch, an der Kommunion teilzunehmen, zu der ein Stück Brot gereicht wird, lehnt der Priester mit einem entschiedenen »No!« und einem kalten Blick ab. Auch aus einer Unterredung mit einem Mönch nach dem Gottesdienst konnte ich keinen Grund für die schroffe Ablehnung erfahren. Ökumene ist auch hier noch fremd.

Im Kellion wird eine Reliquie der heiligen Anna aufbewahrt, die man uns gerne zeigt. Auf der Ikone ist die Heilige dargestellt, wie sie ihre Tochter Maria trägt. Sie ist die Heilige der Mütter. Vor ihrem Bild sind Fotos von Neugeborenen gesteckt: Dank für (endlich) erfüllten Kinderwunsch. Ihre eigenartige Siedlungsform hat sich die Skite seit 1666 im Wesentlichen unverändert erhalten.

*Skite Hagia Anna: Mönche beim Brotbacken*

Nicht weit entfernt liegt das Mönchsdorf *Nea Skiti*. Es gehört zum Paulus-Kloster. Auch das Kellion des Ikonenmalers Pater Nikon finden wir schnell. Sein derzeitiger Schüler Kosmas empfängt uns freundlich und bewirtet uns. Der Pater war auf Reisen. Als er aus Thessaloniki zurückkam, musste ein Maultier angemietet werden, um sein umfangreiches Gepäck ins Kellion zu tragen, das immerhin fast hundert Meter über dem Meer liegt.

Dass Pater Nikon in Thessaloniki so reichlich eingekauft hat, kommt auch uns zugute; denn schnell zaubert er ein herrliches Abendessen auf den Tisch, obwohl Fastenzeit ist.

Danach sitzen wir gemütlich auf dem Balkon, dem Weinstöcke tagsüber Schatten spenden und deren Beeren wir jetzt zum Nachtisch genießen. Der Sonnenuntergang ist malerisch, und der Pater erzählt, dass das Mönchsdorf *Nea Skiti* erst 1760 zur jetzigen Siedlung heranwuchs, als ein reicher Grieche die Kirche mit dem Glockenturm bauen ließ, um die sich alles ordnet. Hier haben sich kosmopolitisch eingestellte, gebildete und auch wohlhabende Mönche angesiedelt, die von der Ikonenmalerei, vom Schnitzen von Kruzifixen und von der Weihrauch-Herstellung leben. – Der 8. September, Mariä Geburt, gilt hier als besonderer Feiertag.

*Nea Skiti: Pater Nikon, Malermönch*

*Nea Skiti: Pater Gerasimos und Pater Grigorios*

Tags darauf dürfen wir sowohl dem Meister als auch dem begabten Schüler bei der Arbeit zusehen. Ikonenmalen ist eine kultische Handlung, ihre Regeln sind im »Handbuch der Malerei vom heiligen Berg Athos« genau festgelegt. Dazu setzt sich der Pater vor seine Staffelei, bekreuzigt sich und spricht das Herzensgebet. Pater Nikon malt nach der kretischen Malschule, die dunkle Farben bevorzugt. Die Gesichter der Dargestellten sind schlank und feiner als in der mazedonischen Malschule gezeichnet, die kräftigere Züge und hellere Farben verwendet.

Ikonen werden auf fein abgeschliffenes Schichtholz aus der Kermes-Eiche gemalt, das sich nicht verziehen darf. Zuerst wird nach einem Vorbild eine Skizze aufgetragen, dann am figürlichen Umriss entlang Blattgold angeklebt. Die Farben, für die der Pater die Pigmente aus Deutschland bezieht, die mit Wasser angerührt und mit Eigelb haltbar gemacht werden (Tempera), trägt er mit dem Pinsel auf, wozu er seine Hand mit einem Stock abstützen muss, der leicht auf der Malfläche aufliegt.

Ich bewundere seine Art zu malen. Pater Nikon hat zur Zeit genügend Aufträge und mag keine weiteren annehmen. Er arbeitet an der *Panagia-Ikone* nach Wassili – das Original hängt in Kiew – und ist fast fertig damit.

Er erzählt: Die ersten Ikonen (griech.: eikon) waren Bildtücher, ähnlich dem Schweißtuch der heiligen Veronika, auf dem sich das Antlitz des gemarterten Herrn abbildete, als sie es auf dem Wege nach Golgota abwischte, oder dem Turiner Grabtuch. Solche Bilder seien nicht von Menschenhand gemacht, vielmehr vom Herrn selbst gewollt und geschaffen: Jesus will sich nach Tod und Himmelfahrt weiterhin zeigen und in geheimnisvoller Weise sichtbar und erfahrbar bleiben.

Für die Ikonen und die auf ihnen Dargestellten gilt Ähnliches. Sie sollen das Innere des Betrachters mit frommer Sehnsucht füllen.

Pater Nikons Nachbarn, die Patres Gerasimos und Grigorios, stellen Weihrauch her, für den sie die Rohstoffe aus Oman und aus dem Jemen beziehen. Weihrauch wird in Klöstern und Kirchen, aber auch in Privathäusern gebraucht. Er gehört zu Gott (Tabakrauch ist für den Teufel, Rauchen also verpönt). Die Patres drehen und knüpfen auch noch Knotenschnüre (Kombostini). Dabei sind sie ungewöhnlich geschickt. Da wir ein paar Kleinigkeiten kaufen, freuen sie sich sehr. Beide wirken ein wenig »abgearbeitet« – sie sind ja auch schon 77 bzw. 64 Jahre alt, was sie lächelnd und augenzwinkernd feststellen.

*Nea Skiti: Pater Nikon, Malermönch*

*Vor der Panagia-Hütte (1500 m)*

Das imposante, 2033 Meter hohe Athos-Massiv steigt im Süden der Halbinsel unmittelbar aus dem Meer auf. Bei einem ersten Besteigungsversuch mussten wir nach einer bitterkalten Nacht in der *Panagia-Hütte* (1500 m) des immer schlechter werdenden Wetters wegen aufgeben. Jetzt im August haben wir wohl die Hitze zu fürchten. Also brechen wir schon um 5 Uhr auf und lassen den Vollmond für uns leuchten, bis dann der Tag anbricht. Das Meer sinkt immer tiefer hinter uns zurück. Zunächst spenden auch nach dem Sonnenaufgang noch Maronenbäume, Eichen und hohe Macchia ausreichend Schatten.

Wichtig ist, dass man genügend Wasser dabei hat. Wir machen es mit Mineral-Brausetabletten schmackhaft. Aber während sonst auf dem Athos mit Wasser verschwenderisch umgegangen werden kann, mahnt uns der Küchen-Mönch auf der Panagia-Hütte zur Sparsamkeit, denn hier oben wird nur Regenwasser aufgefangen und in einer Zisterne gesammelt.

Zum Mittagessen sind auf der Hütte etwa zweihundert Pilger versammelt. Sie suchen sich für ihre Eintopf-Mahlzeit ein schattiges Plätzchen, aber das ist am Rande der Baumgrenze nicht leicht zu finden.

Nach dem Essen entsteht eine Stimmung, wie sie vielleicht bei der Bergpredigt geherrscht haben kann. Mindestens vierzig schwarz gekleidete Mönche bewegen sich unter den Pilgern, darunter vier ganz junge, die eigens aus dem Kloster Sagorsk bei Moskau zur Metamorphosis-Prozession, der Verklärung-Christi-Prozession, angereist sind. Bald scharen sich um einen ganz besonders redegewandten Mönch die griechischen Pilger. Für uns übersetzt ein Grieche, der lange in Deutschland gelebt hat, was dieser Mönch den Anwesenden zu sagen hat:

Die Hesychia ist das Stillsein des Geistes in der Welt, das Vergessen alles Niedrigen und das geheimnisvolle Erfahren des Höheren, Hingeben der Gedanken an etwas, das besser ist, als sie selber sein können. Dann werden die, die ihr Herz durch solch heiliges Schweigen gereinigt und auf unerklärbare Weise sich mit dem Licht vereinigt haben, das alles Denken und Erkennen überstrahlt, Gott in sich selbst sehen wir in einem Spiegel. Denn Simeon, der große Theologe, hat gesagt:»Gott ist Licht, und jene, die er würdig macht, ihn zu sehen, schauen ihn als Licht. Wer dieses Licht empfangen hat, hat die Gnade empfangen.« Es ist das Licht des brennenden Dornbuschs und das Licht, das den Propheten Elia umloderte, und schließlich das Licht, das auf dem Berg Tabor den Herrn verklärte. Es ist die Energie,

*Pilger und Mönche der Prozession zum Athos-Gipfel*

*Kapelle in der Panagia-Hütte*

die als göttliche Gnade auf die Menschen herabströmt: ein inneres, geistiges Licht, das wie ein realer Aspekt im Erkennen Gottes erlebt wird. »Gnosis« ist auf dieser höchsten Stufe die Erfahrung des unerschaffenen göttlichen Lichtes: »In diesem Licht sehen wir das Licht« (Psalm 36,10). Der Apostel Paulus schreibt im 1. Brief an die Thessalonicher (5,17): » Betet ohne Unterlass!« Also betet, wann immer ihr könnt, das Jesusgebet: »Herr Jesus, erbarme dich meiner!«

Gegen 17 Uhr kommen Unruhe und Bewegung in die Pilgerschar. Wir nehmen unsere Rucksäcke und reihen uns ein. Die Athos-Prozession beginnt.

In wenig mehr als zwei Stunden ziehen wir an diesem sich neigenden Sommertag bis hinauf zum Gipfel. Die Pilger werden von zwei Mönchen geführt. Sie bleiben häufig stehen, beginnen einen Gesang und beweihräuchern die mitgeführte Ikone. Sie wird schließlich unter Gesang in die *Metamorphosis-Hütte* auf dem Gipfel gebracht.

Das Gipfelkreuz ist für Erinnerungsfotos umlagert. Der Ausblick über die gesamte Halbinsel ist grandios, und dann geht die Sonne als ein glutroter Feuerball unter. Kühler Wind kommt auf. Jeder Pilger sucht sich zwischen den Felsen einen Platz für sein Nachtlager, und nur die Mönche stehen noch zusammen und lobpreisen Gott mit ihren Liedern. Ihre Gesänge erschallen lange in die Nacht hinein.

Diese Nacht wird schließlich kälter, als ich erwartet hatte. So sind wir froh, als endlich die wärmende Sonne wieder aufgeht. Es ist ein imposanter Sonnenaufgang.
Ungeordnet steigen wir zur Panagia-Hütte ab und freuen uns, dass uns dort der Küchen-Mönch mit warmem Fisch, trockenem Brot und sogar etwas Wein empfängt. Ich denke an den Tiroler Fallmerayer, der schon 1842 den Athos bereist hat und vermerkte: »Die Klosterkost gibt leichtes Blut und hellen Sinn.«

In der Kapelle der Panagia zünden wir Kerzen an und sprechen ein Gebet. Draußen packen die Mönche schon die Geräte, die sie für die Wallfahrt brauchten, auf Maultiere. Beim Abstieg machen wir erst dort Rast, wo sich der Pilgerweg teilt und wir aus einer Quelle frisches Wasser schöpfen können.
Gastfreundschaft erbitten wir uns dann noch einmal in *Hagia Anna* und im Kellion des Paters Nikon, der uns wieder herzlich begrüßt. Er war noch nie auf dem Athos-Gipfel – und so hört er unserem Bericht gerne zu. Und weil wir am nächsten Tag weiter wollen, bleiben wir am Abend noch

länger gemütlich zusammen und sprechen über unsere Heimat. Der Pater war 1999 zum ersten Male in Deutschland und bei Freunden zu Besuch. Dabei hat er sich mehrere Kirchen angesehen und sie sehr bewundert. Und wenn er kann, wird er seine Freunde gerne wieder einmal aufsuchen. Zunächst jedoch will er ein Benediktinerkloster in der Nähe von Turin besuchen und Verbindungen anregen.

Ich kann seinen Versuch, Kontakte zwischen den Mönchsorden zweier Kirchen zu knüpfen, nur gut finden, denn schließlich sind wir alle Europäer, für die allerdings das Wort Ricardo Diez-Hochleitners, des Präsidenten des Club of Rom, auch gilt: »Die Seele Europas ist seine Vielfalt.« Pater Nikon stimmt zu: Erst wenn man sich gegenseitig in Glaubensfrage besser kennen lernt, wird man neben einigem Trennenden wohl auch viel Gemeinsames entdecken. Denn das Wichtigste für die Kirchen sei doch jedenfalls, nach christlichen Prinzipien zu leben.


## KLOSTER AJÍOU PÁVLOU

Zurück nach Dafni, auf dem Wege zum Kloster *Ajíou Pávlou,* kommen wir ganz dicht ans Meer heran, und weil uns

*Kloster Ajíou Pávlou*

niemand sehen kann, lassen wir unsere Hüllen fallen und uns vom kühlen Meerwasser den Schweiß abspülen (Baden verboten!).

Das Kloster liegt nur 160 Meter hoch, und das Athos-Massiv bildet einen eindrucksvollen Hintergrund. Im Saal des Gastmönchs werden wir mit den drei Willkommensgaben Athoswasser, Ouzo und Loukumi empfangen. Wir müssen wieder einmal unser Diamonitirion vorlegen und dürfen uns dann ins Gästebuch eintragen. Im Raum hängen alte Schwarz-Weiß-Aufnahmen ehemaliger Äbte mit ihren besonders würdevollen schwarzen Bärten.

Im Zweiten Weltkrieg gab es hier einmal große Aufregung, als eine JU 52 am Strand notlanden musste, die u. a. eine Luftwaffenhelferin an Bord hatte. Man löste das Problem mit dem Frauenverbot, indem man eine Hütte auf Pfählen neben das Flugzeug baute, sodass die Dame während der Reparaturarbeiten Athosboden nicht zu betreten brauchte.

Schon gegen 4 Uhr morgens werden wir von einem Mönch mit einer schrillen Glocke unerbittlich zum Gottesdienst gerufen: Er geht durch jedes einzelne Zimmer! Und als wir dann müde und unrasiert bei dämmerigem Kerzenlicht im harten Gestühl im Vorraum zum Katholikon sitzen und der Freund seine Beine überkreuzt hält, murrt ihn ein Mönch

*Kloster Dionysíou*

auf Englisch an, dass das Unglück bringe und wir zudem nicht in einem westlichen Café seien.

Später, beim Abschied, schenkt uns der Gärtnermönch noch ein paar süße Weintrauben als Wegzehrung.

## KLOSTER DIONYSÍOU

Der Weg nach *Dionysíou* führt uns unmittelbar am Meer entlang. Das Kloster »verdankt« seine Entstehung der Katastrophe, mit der der vierte Kreuzzug endete, der 1204 die Vernichtung von Byzanz brachte (und nicht die Eroberung von Jerusalem). Damals entstand das Kaisertum von Trapezunt, dessen kultureller Einfluss bis in den Iran und nach Zentralasien reichte. So scheint es kein Zufall zu sein, dass in *Dionysíou* der Hesychasmus (eine seit dem 3. Jahrhundert eigene Mönchstradition der Einkehr in Stille/ Hesychia und Schweigen sowie der umfassenden Hinwendnung zu Gott) starken Einfluss gewann, der an viele östliche Praktiken erinnert.

Bemerkenswert: Das Katholikon, Johannes dem Täufer geweiht, nimmt fast den gesamten Klosterhof ein. In der *Akathistos-Kapelle* betrachten wir eine vom Evangelium inspirierte Muttergottes-Ikone.

Auf einem Weg in halber Höhe und mit einem überwältigendem Ausblick auf das Meer erreichen wir das Kloster *Grigoríou*. Dort erkenne ich Pater Damianos sofort wieder. Der Mittdreißiger ist zur Zeit Gastmönch. Ich habe ihn bei meinem ersten Besuch vor drei Jahren kennen gelernt. Damals hatte er mir erzählt, dass er erst seit drei Tagen Mönch sei, dass ihn ein Freund aus der Londoner Drogenszene geholt und hierher gebracht hätte. Als ich ihn nun daran erinnere, ist er bewegt. Seinerzeit hat er uns durch das Katholikon geführt und mir ein einziges Foto erlaubt, natürlich ohne Blitz.

Wir bewundern wieder die Ikone »Panagia Galaktotrophousa« (die allheilige Milchspendende), die aus dem 15. Jahrhundert stammt und auf die eben ein Lichtschein durch das Kirchenfenster fällt.

Das Kloster ist dem heiligen Nikolaus, Bischof von Myra, geweiht, den jedes Kind in der Christenheit kennt. Er ist außerdem Schutzpatron der Seeleute.

Grigorio Sinaitis ist einer der bedeutendsten Mysiker der Orthodoxie und Begründer der hesychastischen Lehre auf dem Athos. Er kam aus dem Sinai, als er im 14. Jahrhundert dieses Kloster gründete. Eine besondere Gnade liegt für den

*Kloster Grigoríou*

*Kloster Chiliandaríou: Katholikon,*

*Ostertuch zwischwn Ikonen*

Mystiker darin, dass er schon im Diesseits das »unerschaffene« göttliche Licht sehen darf, das die drei Apostel Petrus, Jakobus und Johannes auf dem Berge Tabor erfuhren, als Jesus in ihnen erstrahlte (Metamorphosis/Verklärung; vgl. Markus 9). Dies erlebt man nur, wenn man zur »Ruhe im Herrn«, zur Hesychia gefunden hat. Dazu muss man auf Nahrung, auf Schlaf, auf ein Leben in Partnerschaft und sogar auf eigene Gedanken und Phantasien zu verzichten lernen. Und so verzichtet man letztlich auf sich selbst, auf die Bestimmung über das eigene Leben. Aber auch die tiefste Askese sichert keinen Erfolg. Dieser kann nur aus göttlicher Gnade gewährt werden: Gott schenkt sie, wenn er will, dass man das göttliche Licht sieht.

Trotzdem ist Vorraussetzung, dass man ohne Unterlass »Herr Jesus, erbarme dich meiner!« (das Jesusgebet) betet. Dann wird zunächst der Atem, später der Herzschlag zum Gebet, und man kann zur absoluten Hesychia kommen. Im Handbuch der Tugendliebe (Philokalia) sind Anleitung und wichtige Gedanken hierzu aufgezeichnet. Im 14. Jahrhundert kam es dieser Lehre wegen zu einem Streit, denn nur die Klöster *Grigoríou*, *Símonos Pétras* und *Dionysíou* vertraten sie.

Pater Damianos führt uns noch in die Kapelle der heiligen Anastasia, deren Ikone als einzige nach dem großen Brand von 1761 übrig geblieben war. Dann verabschieden wir uns und steigen auf einem Steinpfad zum Kloster *Símonos Pétras* hinauf (225 m).

## KLOSTER SÍMONOS PÉTRAS

Die Lage dieses Klosters ist einmalig. Nicht weit vom Kloster ist die Höhle zu sehen, in der der Einsiedler Simon gewohnt hat, ehe er das Kloster gründete, nicht ohne einen besonderen Anlass: Er habe über dem gewaltigen Felsen (Petras), auf dem heute das Kloster steht, einen besonders hellen Stern gesehen und dies als Aufforderung zum Klosterbau verstanden. Und auch dafür, dass dies ein glücklicher Entschluss war, gab es ein Zeichen; denn als eines Tages der Bruder Isaias abstürzte, fand man ihn am Fuß des Felsens nicht zerschmettert, sondern unversehrt. Ein Engel müsse ihn aufgefangen haben.

Das Kloster gehörte lange zum serbischen Besitz und ist schon zweimal abgebrannt, zuletzt 1891. Dass sich hier immer wieder solche Katastrophen ereignen, ist nicht verwunderlich, denn zum Beispiel im Katholikon brennen ständig zahlreiche Kerzen. Das Kloster hieß übrigens bis ins 19. Jahrhundert hinein Neu-Bethlehem. Äußerlich ist es dem Potala, dem Sitz der Gottkönige in Lhasa, ein wenig ähnlich. Gleißende goldene Dächer allerdings können sich die armen Mönche nicht leisten.

Ein mehrstöckiger Aquädukt führt Wasser bis zum wehrhaften eisernen Tor, das nachts geschlossen wird. Aber ein freundlicher Brunnenbauer erklärt uns, dass er inzwischen einen neuen, leistungsfähigen Brunnen bauen soll.

Der Klosterhof ist eng. Als ich dann aus meinem Gästezimmer im obersten Stockwerk auf den Balkon hinaustrete, halte ich mich unwillkürlich einen Augenblick lang am Geländer fest: Tief unten brodelt das Meer. Hoffentlich halten die Bodenbretter! Man weiß nie, ob sich das Wunder des Isaias wiederholen würde.

Der »Heilige Berg« liegt in der Abendsonne. Der Blick zu ihm hinauf ist überwältigend. Dieser Berg ist von überall her eindrucksvoll.

Dann höre ich das hölzerne Klingen des Simantron, mit dem ein Mönch rund um das Katholikon und dann mit sicherem Schritt über den schmalen Balkon geht und zum Abendgottesdienst ruft, der in einer halben Stunde beginnen soll. Kurz davor werden noch einmal eine hölzerne und eine bogenförmige eiserne Stundentrommel geschlagen.

*Kloster Símonos Pétras*

*mit Athos-Gipfel*

Das Abendessen kann kaum noch athonitisch einfacher sein; denn wir befinden uns in einer zweiwöchigen Fastenzeit, die am 28. August, Festtag Mariä Himmelfahrt nach Athos-Zeit, zu Ende gehen wird. Dem Fasten wird auf dem Athos große Bedeutung beigemessen. Je vierzig Tage vor Weihnachten und vor Ostern muss stets gefastet werden. Es gibt nur eine Mahlzeit am Tage und gar keinen Fisch (zu anderen Zeiten nur montags, mittwochs und freitags nicht). Damit wird Käse besonders wichtig, weil er die Mönche mit Eiweiß versorgen muss. Aber – nehmen etwa einige übergewichtige Mönche das Fasten ein wenig lockerer?

Übrigens – Kranke werden zunächst im Kloster behandelt. Ernste Fälle müssen nach Jerissos oder sogar nach Thessaloniki gebracht werden. Erstaunlich: Die Arztmönche, die westliche Medizin studiert haben, werden nur selten konsultiert.


Das Wetter ist schön. Das Schiff, das uns nach Dafni und dann nach Ouranópolis mitnehmen wird, kann problemlos an der schmalen Holzbrücke anlegen, aus der – 200 Meter weiter unten am Meer – der »Hafen« von *Símonos Pétras* besteht.

Und der »Heilige Berg« ist heute in seiner ganzen Erhabenheit zu sehen. Letzter Gruß vom Athos ...

*Gartenmönch im Kloster Chiliandaríou*

# VERSIEGTER BRUNNEN

Holprig steiniger Pfad führt zu Dir.
Nicht hörst Du mehr Maultiergetrampel
Noch der Mönche Gebete.


Das erquickende Wasser plätschert
Nicht mehr aus Deinem Mund.
Kein dürstender Pilger verweilt mit
Schöpfender Hand an Deinem
Überfließenden Trog,
Noch labst du die Tiere.


Verstummt ist der Nachtigallen Schlag
In grünem Hain.
Traurig senkt sich der entwurzelten
Kastanie Ast auf Dich herab,
Den zu tragen Du nicht stark genug bist.


Dein bemoostes Gesicht ist aus
Heiligem Stein
Vom nahen Athos in marmorne
Quader gehauen.

Du sahst Dich in jungen Jahren
Im Spiegel des Wassers
Und hattest Freude an Dir.

Der Quell ist versiegt.
Der einsame Pilger geht
Achtlos vorbei
Über holprig steinigen Pfad
In eine neue Zeit!

*Trapeza (Speisesaal) im Kloster Iwiron*

*Kloster Pantokrátoros: Innenhof*

Zwanzig Großklöster teilen sich das gebirgige, vom ägäischen Meer umspülte Land.

Der Arzt Dr. Helmut Starrach hörte den »Ruf des Athos«, ließ den Berg zu seiner eigenen Welt werden und erlebte ihn als Zentrum orthodoxer Geistigkeit. Die Ostkirche – vom Mönchtum geprägt – ist eine Kirche der Liturgie und Mystik.

Gehört man zu den glücklichen zehn Ausländern, die diese älteste Demokratie der Erde mit einem »Athospass«, der für 4 Tage gilt, besuchen dürfen, wird man gastfreundlich aufgenommen.

Bei mehreren Wanderungen auf den oft im vorletzten Jahrtausend angelegten Athospfaden fand ich viele Möglichkeiten der Meditation und Entspannung, sozusagen einen inneren Rastplatz.

Es geht dort nicht darum, sich von der Hektik der Welt zu verabschieden. Aber nirgendwo sonst kann man besser über den Sinn des Lebens nachsinnen.

In einer Zeit, in der Individualismus, übertriebener Fortschrittsglaube, Macht- und Profitdenken die Seele bedrohen, werden auf dem Athos »Wege der Erlösung aus der seelischen Not und der Heimatlosigkeit des Menschen«

zur »lebendigen Gotteserfahrung« (J. Ph. Fallmerayer) gewiesen.

Die Strukturpolitik der Europäischen Union (EU) unterstützt die Mönchsrepublik Athos. In vielen Klöstern werden daher Renovierungen vorgenommen, sodass die Mönche nicht mehr so ganz »spartanisch« leben müssen. Die Begegnungen zwischen den Süd- und den übrigen Europäern können so in einer »gepflegteren« Atmosphäre stattfinden. Oft erwachsen aus den Gesprächen unter den Pilgern und mit den Mönchen auch Freundschaften.
In den Großklöstern und kleineren Mönchsgemeinschaften leben Mönche aus fast allen europäischen Ländern: Griechen, Russen, Serben, Bulgaren, Rumänen, Franzosen, Engländer, Italiener, Österreicher und Deutsche. So ist der Heilige Berg zu einem »Klein-Europa« geworden.

WINFRIED MENRAD
*Mitglied des Europaparlaments*

*Lavra Phiali*

# LITERATURHINWEISE

Jakob Philipp Fallmereyer: Fragmente aus dem Orient. München 1963.

Erhart Kästner: Stundentrommel vom heiligen Berg Athos. (Insel TB 56), Frankfurt am Main 1991.

Werner Ekschmitt: Berg Athos. (Herder/Spektrum 4321), Freiburg i. Br. 1994.

Aufrichtige Erzählungen eines russischen Pilgers. (Herder/Spektrum 4146), Freiburg i. Br, 1998.

Rolf Kuhlmann: Der Athos. Frankfurt am Main 1998.

Günther Schön / Johann Günther: Athos Impressionen. Unterweitersdorf 1996.

Günther Spitzing: Athos. Köln 1990.

Freddy Derwahl / Hans Günther Kaufmann: Athos. Augsburg 1997.

Hans Vorbach: Licht vom heiligen Berg. Salzburg 1997.

Peter Bamm: Frühe Stätten der Christenheit. München 1955, 49.

Treasures of Mount Athos. Thessaloniki 1997.

Dimitrije Bogdanovic: Kloster Hilandar. Hilandar 1997.

Paul Huber: Athos. Zürich 1969.

Stockinger / Strippelmann: Athos. Frankfurt am Main 1996.

Peter Mikliss de Dolega: Ikone und Mysterium. Köln 1996.

Mönch Gabriel: Athos. Filotheou 1999.

Mönch Panteleimon: Briefe vom heiligen Berg Athos. (Edition Toni Pongratz) Hauzenberg 2000.

Hellmut Baumann: Die griechische Pflanzenwelt. München 1999.

*Karten*

Reinhold Zwerger: Wege am Athos. Wien 1996.

# Hinweise für eine Athosreise

Für alle nicht griechischen Athospilger muss eine telefonische oder schriftliche Terminierung von zu Hause aus erfolgen. – Der Büroleiter, Herr Stefan Canelis, spricht auch Englisch.

*Öffnungszeiten des Büros*
Mo, Di, Do u. Fr: 8.30–13.30 und 18–20 Uhr
Mi u. Sa: 8.30–13.30 Uhr

*Anschrift*
Holy Executive of the Holy Mount Athos
Pilgrim's Bureau
Kon. Karamanli av. 14
GR – 54638 THESSALONIKI
Tel: 0030–31–861611
Fax: 0030–31–861811

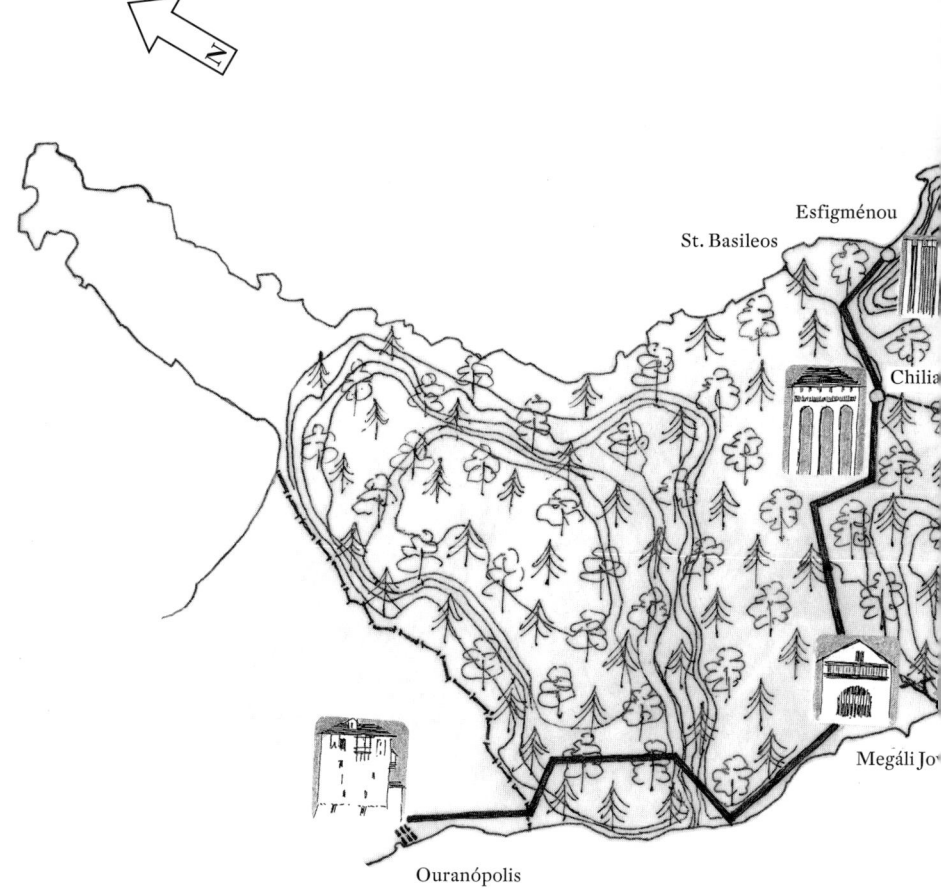

Esfigménou

St. Basileos

Chilia

Megáli Jo

Ouranópolis

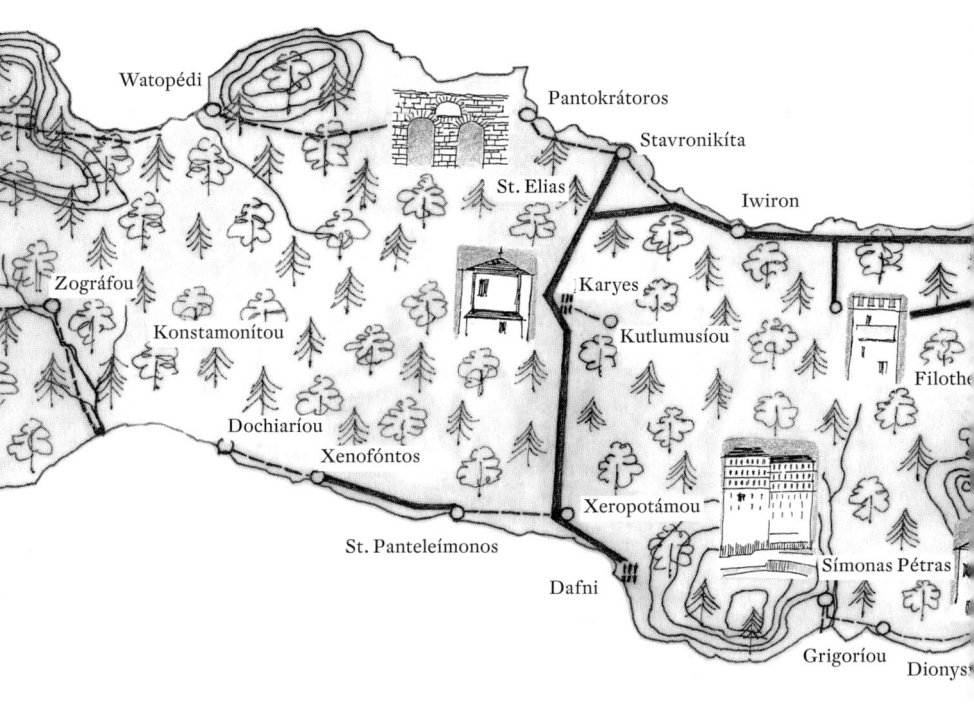

Watopédi

Pantokrátoros

Stavronikíta

St. Elias

Iwiron

Zográfou

Karyes

Konstamonítou

Kutlumusíou

Filothe

Dochiaríou

Xenofóntos

Xeropotámou

Símonas Pétras

St. Panteleímonos

Dafni

Grigoríou

Dionys

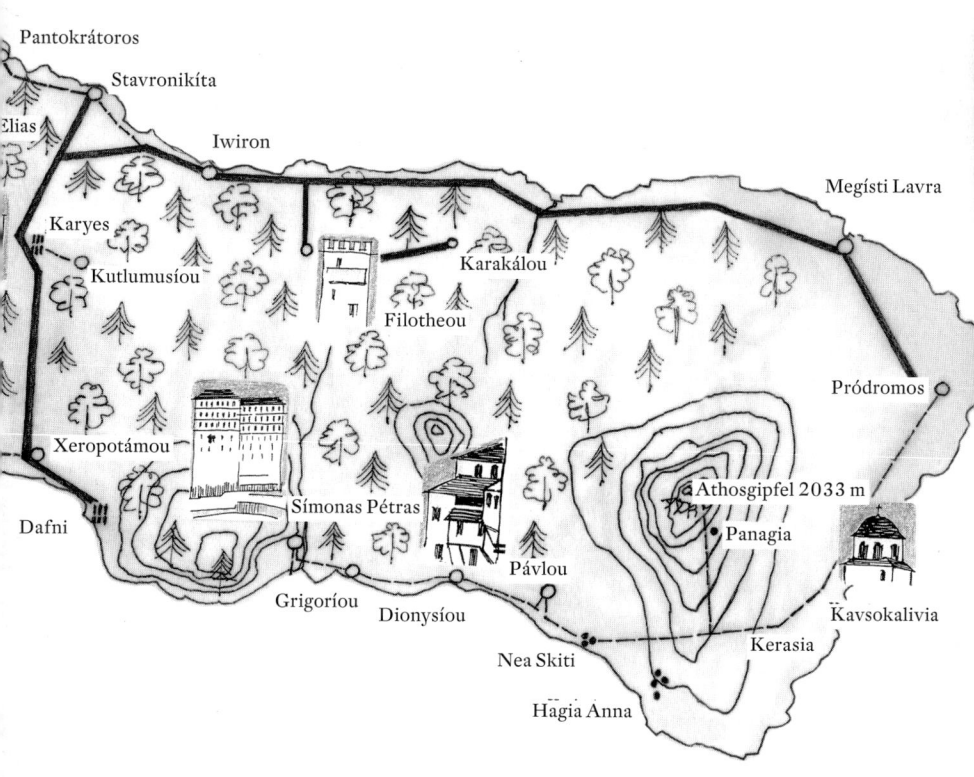

Pantokrátoros

Stavronikíta

Elias

Iwiron

Megísti Lavra

Karyes

Kutlumusíou

Karakálou

Filotheou

Pródromos

Xeropotámou

Athosgipfel 2033 m

Dafni

Panagia

Símonas Pétras

Pávlou

Kavsokalivia

Grigoríou

Dionysíou

Kerasia

Nea Skiti

Hagia Anna

*Athos-Gipfel bei Sonnenuntergang*